谢涛说

大秦

昊天牧云 —— 著

叁

浙江工商大学出版社
ZHEJIANG GONGSHANG UNIVERSITY PRESS
·杭州·

图书在版编目（CIP）数据

谢涛说大秦 . 叁 / 昊天牧云著 . –– 杭州 : 浙江工
商大学出版社 , 2022.7
ISBN 978-7-5178-4466-2

Ⅰ . ①谢… Ⅱ . ①昊… Ⅲ . ①中国历史—秦代—通俗
读物 Ⅳ . ① K233.09

中国版本图书馆 CIP 数据核字 (2021) 第 078778 号

谢涛说大秦（叁）
XIETAO SHUO DA QIN（SAN）

昊天牧云　著

责任编辑　郑　建
责任校对　韩新严
封面设计　新艺书文化
责任印刷　包建辉
出版发行　浙江工商大学出版社
　　　　　（杭州市教工路 198 号　邮政编码 310012）
　　　　　（E-mail: zjgsupress@163.com）
　　　　　（网址 : http://www.zjgsupress.com）
　　　　　电话：0571-88904980　88831806（传真）
排　　版　程海林
印　　刷　北京晨旭印刷厂
开　　本　787mm×1092mm　1/16
印　　张　14.5
字　　数　175 千
版 印 次　2022 年 7 月第 1 版　2022 年 7 月第 1 次印刷
书　　号　ISBN 978-7-5178-4466-2
定　　价　49.00 元

目录

第四章　吕不韦的生意经

第五章　秦王政登场

第一章

局势越来越乱

乐毅伐齐

秦昭襄王二十二年（前285），秦昭襄王看到齐国的国力突然大增，觉得其对秦国造成了巨大的威胁，于是派蒙武进攻齐国。虽然不能拿下齐国，但敲打一下齐国，挫挫它的锐气也是好的。结果蒙武不负所托，拿下了齐国的九座城。

这一战果成功吸引了各国的目光，大家均以为秦、齐两国间的一场大战将难以避免。要知道，秦、齐两国一西一东，虽然曾经多次在外交场合互为敌手，但爆发大战的次数并不多。所以，大家对这一战的期待自然很高。哪知，后来事情的发展却完全是另一个模样。

面对秦国的挑衅，齐湣王根本没有放在心上。灭宋之后，他的骄傲情绪空前高涨。齐湣王开始四处出兵，向南攻打楚国，向西进攻韩、赵、魏三国。此外，他还想吞并东周、西周两个公国①，成为天子。

———————

① 周考王元年（前440），周考王封王弟揭于王城，是为西周桓公。西周公国建立。周显王二年（前367），西周威公去世，公子根在赵、韩两国的武力支持下继位于巩，号东周惠公。太子朝居王城，号西周惠公。西周遂分裂成西周、东周两个小国，两国以伊洛河交汇处为界。

齐湣王的想法很美好，但他只是在白日做梦。宋国虽然级别很高，但是国土面积太小，人口也少，综合国力不强。即使灭了它，齐国的实力也不会增加太多。况且齐湣王的这个计划是一个四面树敌的计划，秦国实力这么强，都没有把这几个国家打垮，齐国即便实力比秦国更强，目前也不具备并吞六国的实力。

最关键的是，秦国现在对齐国虎视眈眈，已派蒙武出兵攻下齐国的九座城。此时，齐国最好的做法莫过于联合其他国家，跟秦国大战一场，然后再考虑其他问题。可齐湣王一点不把秦国放在心上，还做着当天子的美梦。

看到齐湣王如此做派，齐国的大臣们坐不住了，狐咺义正词严地指出了齐湣王的过失。齐湣王听后大怒，直接下令将他斩首。不过，这并没有阻挡其他人劝谏的脚步，陈举也站出来劝谏。结果，陈举也被齐湣王在东门外处死。齐国舆论一片哗然，百姓和大臣们都开始跟齐湣王离心离德。

这恰恰为对齐国用兵的秦国提供了可乘之机。没想到，就在大家猜测秦国要对齐国有大动作时，另一个国家出手比秦国还要快，它就是燕国。

燕国多年来十分低调，在国与国之间的事务中没有什么出色的表现，其他诸侯也向来不把燕国当一回事。现在，这个大家眼中的"跟屁虫"居然敢出兵，向强大的齐国发起挑战，让所有人都大跌眼镜。

为什么燕国敢出这个风头呢？因为燕国得到了一个不一般的人物——乐毅。

现任燕国之主燕昭王最恨的国家就是齐国，他无时无刻不在想如何找齐国报仇。① 现在燕国实力不断增强，国泰民安，而齐国因为齐湣王的暴政人心涣散，燕昭王觉得机会来了，便叫来乐毅，向他咨询攻齐事宜。

乐毅分析道："齐国称霸以来，至今仍有余力，再加上其地广人多，只靠我们自己的力量不易成功。如果大王您一定要讨伐齐国的话，不如联合赵国、楚国及魏国。那样一来，胜算会大很多。"燕昭王觉得乐毅的话很有道理，便派乐毅亲自出使赵国，同时另派使者联系楚国和魏国。乐毅到赵国后，除了说服赵国一起攻打齐国之外，还说服赵国用讨伐齐国的好处引诱秦国。

各国之前都苦于齐国的骄横暴虐，得知燕国想要攻打齐国后，都同意加入反齐联盟。

秦昭襄王二十三年（前284），燕昭王任命乐毅为上将军，让他率领全国的军队出兵伐齐。秦国也派尉斯离带着军队跟韩、赵、魏联军一起，与燕军会师。赵惠文王还把相印交到了乐毅手里。

就这样，反齐联盟集结完毕。他们在乐毅的领导下，向齐国高调宣战。②

齐湣王听说反齐联盟杀过来了，一点儿也不怕，立刻拿出全国所有的武装力量前来迎战。

双方在济水西岸展开决战，结果齐国大败。

战后乐毅命秦国和韩国的军队退回本国，然后部署魏国军队进攻宋国旧地，派赵国军队去进攻河间，自己则带着燕国军队长驱直入，深入齐国境内。

---

① 齐宣王曾趁燕国爆发子之之乱时入侵燕国，杀死燕王哙，使得燕国几乎亡国。
② 一说，反齐联盟中也有楚国。

这时剧辛劝乐毅说:"齐国很大,燕国很小,因为有其他诸侯的参与,我们才能打败齐军。现在我们应该做的是赶快占领燕齐边境的城池,以此充实燕国,这才是长久之策。可您只是不断地深入齐境,没有占领城池,这对齐国来说没有什么损失,对燕国而言也没有得到什么利益,最后,齐、燕两国结怨甚深,成为死敌,只怕以后您会后悔。"

乐毅摇摇头,解释道:"齐王一向好大喜功,刚愎自用,既罢黜贤才,又专信谄媚小人,搞得百姓怨声载道。现在齐国已溃不成军,我们如果能够乘胜追击,那么齐国百姓肯定会背叛齐王,进而引发齐国内部动荡,这样我们就有机会灭掉齐国了。如果不抓住这个机会,万一齐王痛改前非,体恤臣下和百姓的话,我们就没有机会拿下齐国了。"

乐毅下令继续进军。不出乐毅所料,齐国果然乱成一锅粥,齐湣王指挥不灵,只得仓皇出逃。之后,乐毅顺利进入齐都临淄,把齐国王室所有的宝物、祭器都打包运回了燕国。

燕昭王很高兴,亲自到济水上游慰劳军队,并表彰了乐毅,封乐毅为昌国君,让他继续留在齐国攻打未克之城。

而齐湣王这时跑到了卫国。卫国是齐国的附庸,看到齐湣王来了,当然要好好接待。卫国国君不仅把自己的宫殿让了出来,还向齐湣王称臣,提供日常用度。哪知齐湣王到了这时仍然傲慢无礼,卫国人很生气,便把齐湣王赶走了。齐湣王又先后跑到邹、鲁两国避难。结果,齐湣王故态复萌,邹、鲁两国都宣布齐湣王是不受欢迎的人,向他关闭了城门。齐湣王只得又跑到莒地避难。

此时,楚国觉得机会来了,便派淖齿带着大军前来"救援"齐湣王。齐湣王听说楚国来救他了,心情大好,任命淖齿为齐相。哪知,淖齿根本不满足于只做一国之相。齐湣王一现身，就被淖齿抓了起来。不仅如此，淖齿还狠狠地教训起齐湣王来，连着问了齐湣王三个问题，一个比一个尖锐。最后，淖齿大声地总结道："天降血雨，是上天在警告你；地崩泉涌，是大地在警告你；百姓在宫门哭泣，是人心在警告你。上天、大地、百姓都警告了你，你却仍然不知悔改，难道你还想着能活下去吗？"最后，齐湣王在鼓里被杀。淖齿为什么要下如此狠手呢？原因很简单，他想与燕国一起瓜分齐国的土地。

在齐湣王到处逃跑流窜的同时，乐毅那边进攻的脚步一直没有停下来。燕军乘胜长驱直入，齐国军民望风而逃。乐毅进入这些无人驻守的城池后，并没有大肆烧杀抢掠，而是整肃军纪、安抚人心、废除苛政、减轻赋税，力图恢复社会秩序……这些做法的效果十分显著，齐国人接受燕国封号、领取俸禄的有二十余人，接受燕国爵位的则高达一百多人。乐毅取得的战绩也是显著的，六个月之内，燕国军队总共拿下了齐国七十余座城池，留给齐国王室的只剩即墨和莒城了。

和氏璧的风波

燕国在伐齐之战中赚得盆满钵满，秦国也有收获。秦国向来是一个很现实的国家，它离齐国这么远，即便可以分一杯羹，也守不住。只有从赵、魏、韩这几个邻近的国家占的便宜，才是真正的便宜。

就在诸侯联军讨伐齐国的第二年，即秦昭襄王二十四年（前283）初，秦国向魏国进军。拿下安城后，秦军一直攻打到魏国的首都大梁，才撤军回国。

欺负完魏国后，秦昭襄王又把目光放到了赵国身上。恰在这时，赵国从楚国得到了稀世珍宝和氏璧。秦昭襄王听说后，就向赵国表示愿意用十五座城来交换和氏璧。

赵惠文王一听，就知道这事儿没那么简单。虽然秦国说要用十五座城来换和氏璧，但并不可信。可如果自己不答应，那就是公开跟秦国为敌。按目前的实力，赵国肯定是打不过秦国的。到底怎么办才好呢？答应还是不答应呢？

赵惠文王一直犹豫不决，不知道该如何处理，便决定找大臣们商量。大臣们听了赵惠文王的话，谁也不敢揽下这个任务。就在这时，宦者令缪贤站出来，推荐了他的门客蔺相如。

赵惠文王以前没听说过这个人，就问缪贤："你怎么知道他一定可以胜任呢？"

缪贤说："臣曾经犯过法，想私下逃到燕国去，可是蔺相如阻止了臣。他问了臣一个问题：'您以为燕王真的会对您好吗？'臣回答：'我以前随大王在国境与燕王见过面，燕王私下拉着我的手说愿意和我交个朋友，所以他应该会收留我。'蔺相如对臣说：'因为赵国强大而燕国弱小，您又受宠于赵王，所以燕王才想和您结交。假如您私自跑到燕国，燕国向来是怕赵国的，一看到赵国的逃犯来了，哪能收留您呢？只怕您才进入燕国的领土，人家就会把您捆起来，直接送回赵国了。既然如此，您不如去向大王诚恳地认错，这样或许可以侥幸被赦免。'臣听从了他的话，大王果然赦免了臣。臣看蔺相如有勇有谋，完全可以胜任出使秦国的任务。"

赵惠文王一听，也觉得蔺相如不错，就召见了他。

蔺相如进来之后，赵惠文王问他："秦王要用十五座城来换寡人的和氏璧，寡人可以答应吗？"

蔺相如回答："秦国强大，赵国弱小，您不能不答应呀！"

赵惠文王问："秦王要是拿到和氏璧，又不给十五座城，那可怎么办呢？"

蔺相如想了想，说道："秦国现在用城池来交换和氏璧，要是赵国不答应，就是赵国理亏。要是赵国给了秦国和氏璧，但秦国不给赵国城池，就是秦国理亏了。两种策略比较起来，还是让秦国理亏为好。"

赵惠文王觉得蔺相如分析得不错，接着问道："先生认为派谁去当这个使者为好呢？"

蔺相如说："大王一定没有合适的人选，就让臣作为使者带和氏璧到秦国去吧。如果十五座城池能划进赵国的版图，臣就把和氏璧留在秦国；如果秦国没有把十五座城池交给我们，臣一定会把和氏璧完好地带回赵国。"

赵惠文王听后大喜，派蔺相如带着和氏璧西行入秦。

蔺相如到达秦国后，秦昭襄王把会见地点定在了章台。开始时，会见是在友好的氛围中进行的。蔺相如把和氏璧献给秦昭襄王，秦昭襄王接过和氏璧后大喜，细细地把玩之后，又把和氏璧递给妻妾和左右侍从传看。大家看过后都赞叹不已。

蔺相如知道，秦昭襄王此时还是没有提到移交城池的意思，肯定是打算耍无赖了。他早就想到了秦昭襄王这一手，于是大大方方地说道："和氏璧上有块斑点，请让臣指给大王看。"

秦昭襄王没有起疑心，马上把和氏璧交给了蔺相如。蔺相如得到和氏璧之后，倚柱而立，气冲冲地对秦昭襄王说："大王想得到这块玉璧，派人送信到赵国，说要用十五座城池来交换。赵王郑重地召集群臣商议。大家一致认为，秦国是个很贪婪的国家，依仗自己力量强大，想用这种空话来得到玉璧，根本不可能用城池来做交换。只有臣认为，平民百姓交往尚且不互相欺骗，何况是大国之间的交往呢！况且因为一块玉璧使秦国不高兴，也是不应该的。赵王听臣说得有理，特意斋戒了五天，派臣捧着和氏璧前来恭敬地献给大王您。如今臣来到秦国后，大王却在一般的台观接见臣，礼节十分傲慢；得到玉璧后，马上传给妻妾和侍从们赏玩，以此来戏弄、无视臣。臣看大王没有一点给赵国十五座城池的诚意，所以才把玉璧又要了回来。如果大王一定要来硬抢玉璧，臣的脑袋今天就和玉璧一起撞碎到这根柱子上！"

说着，蔺相如举起和氏璧，面对着那根大柱，摆出要撞上去的架势。秦昭襄王没料到蔺相如会来这一招儿，连忙向蔺相如道歉，请他不要做如此过激的事情。随后，秦昭襄王还特意请了相关官员前来，打开地图，指明从某地到某地的十五座城池是用来交换和氏璧的。

蔺相如当然不会信秦昭襄王的话，他看了看地图，对秦昭襄王说："和氏璧是天下至宝。赵王决定派臣送它来秦国时，特意斋戒了五天。要是大王真的想得到它，也请大王先斋戒五天，然后在朝堂上安排隆重的九宾之礼①，这样臣才能把和氏璧交给大王。"

秦昭襄王一听，虽然觉得蔺相如有点过分，但是他也知道，这种事毕竟不好用武力强取，就答应了蔺相如的提议，并安排蔺相如住在了广成驿站。

---

① 古代外交中最隆重的礼节。

蔺相如是个狠角色，一看就知道秦昭襄王说的都是假话。而且这位秦王绝对是个有水平的人，上了一次当之后，绝对不会上第二次当，如果和氏璧再次落入他的手中，再怎么拼命也是要不回来的，除非有灭掉秦国的能力。至于十五座城，更是不可能得到的。

蔺相如干脆叫来随从人员，让他乔装打扮，带着和氏璧偷偷溜出驿站，从小道溜回了赵国，把它重新交给了赵惠文王。

五天之后，秦昭襄王真的按照事先的约定，在朝堂上安排了隆重的九宾之礼，就等着蔺相如献上和氏璧。

蔺相如一点也不害怕，他对秦昭襄王说："秦国自从穆公以来大概经历了二十几位君主，可没有一个是讲诚信、守盟约的。臣实在是怕被您欺骗而有负于赵国，所以已经先派人将和氏璧送回赵国了。况且秦国强大，赵国弱小，如果秦国真的讲诚信，派一名使者到赵国，赵国立即就会把和氏璧乖乖地送过来。而且，即使秦国先割十五城给赵国，赵国哪敢留着和氏璧不给大王呢？臣知道犯了欺君之罪，按律当斩，还请您赐臣汤镬之刑。臣死不足惜，只是希望大王和各位大臣仔细考虑一下这件事。"

秦国大臣一听，脸色大变。这些年来，秦国欺负别国已成家常便饭，比如之前的张仪，就是不管哪个国家都敢骗，而且是一骗再骗。现在秦国君臣居然被这个蔺相如狠狠地骗了——虽然没有什么实质性的损失，但终归是受骗上当。群臣纷纷要求马上杀了蔺相如。

可秦昭襄王只是笑了笑："杀一个蔺相如有什么用？杀了他，咱们也拿不到和氏璧了，反而显得咱们没有肚量，又会严重损害咱们跟赵国的关系。不如趁此机会好好款待他，放他回赵国，赵王难道会为了和氏璧而欺骗秦国吗？"

最后，秦昭襄王按照礼仪接见了蔺相如，然后把他送回了赵国。

蔺相如在秦国有如此优秀的表现，赵惠文王自然很开心，封蔺相如为上大夫。

虽然秦昭襄王很尊重蔺相如，但是他并不会对赵国以礼相待。在蔺相如"完璧归赵"的第二年，也就是秦昭襄王二十五年（前282），秦国向赵国发起军事行动，一口气拿下两座城池。一年后，秦国又攻克了赵国的石城。可谓是大大地出了一口恶气。

楚国打起周王室的主意

自从楚顷襄王迎娶秦国公主以来，秦、楚两国十几年来一直保持着和平友好的关系。直到秦昭襄王二十六年（前281），这种关系率先被楚国打破。楚顷襄王是位有野心的君主，乐毅伐齐时他就曾派淖齿去齐国浑水摸鱼杀了齐湣王。这次，他受到楚国国内隐士之言的刺激，便派出使者，打算动员齐国、韩国和楚国一起讨伐秦国。

这个策略看起来很不错，实际上却有很大的缺陷。

首先，齐国在几年前被乐毅打得大败，连失七十余座城，齐湣王也被楚国大将淖齿杀死，正挣扎在亡国的边缘，新君齐襄王手里能有多少兵力？即使齐国还有些实力，但齐襄王能跟一个与自己有杀父之仇的国家合作吗？根本不会。其次，韩国的实力是三晋中最弱的。目前，其根本不具备与秦国一战的条件。

除了这个完全不现实的合作计划，头脑发热的楚顷襄王竟然还打起了周王室的主意。周王室早就名存实亡了，其之所以能一直坚持到现在，是因为还顶着"天下共主"的招牌。谁要是敢在周王室头上动土，就等于给其他国家制造把柄，几乎没有国家会做这种蠢事。

但这对楚国来说不算什么问题，因为楚国从来都没有把周王室放在眼里，只是忌惮其他国家，这才没有动手。现在楚国觉得完全可以瓜分这块地皮，把它作为合作的红利拉其他人入伙了。

听到楚国打算攻打周王室的消息后，周赧王特意派东周武公来见楚国令尹昭子。东周武公说："你们不要打周王室的主意。"

昭子一听，赶紧赔着笑脸说："我们从没有这个想法啊。不过，我还是想问问，为什么不能打周王室的主意呢？"

东周武公回答道："现在周王室的地盘还有多大？认真算起来，也不过方圆一百里。得到那块土地，并不会使国家强大起来；得到那里的百姓，也不会使军队壮大起来。周王室拥有天下共同拥戴的宗主之名，谁要是去跟其作对，谁就得背上犯上作乱的罪名。尽管如此，有些人仍然想去占领它，我想，肯定是因为从古代传下来的祭祀重器还在那里。老虎的肉既有腥味，本身又凶猛无比，但人们仍然猎取它；山林中的麋鹿没有老虎的爪牙，如果给它披上一张诱人的虎皮，那么人们想要猎取它的欲望一定会增加万倍。现在楚国正处于老虎一样的情形。谁要是瓜分了楚国的土地，谁的国土面积就会大大地得到扩张，谁的人口数量也会大大地提升，而且还能获得尊崇周王室的名声。"

昭子听完东周武公的话，觉得攻打周王室的计划确实不太合适，就打消了这个念头。

秦赵渑池之会

楚国的小动作让秦昭襄王很生气，他决定在蚕食三晋政策不变的基础上，给楚国点颜色看看。

秦昭襄王二十七年（前280），白起率领秦军与赵军大战，取得巨大的胜利，斩首两万人，拿下了光狼城。接着，司马错带着陇西兵，从蜀地攻打楚国的黔中，并轻松地将其拿下，使楚国被迫献出了汉水以北及上庸一带。

秦昭襄王二十八年（前279），白起再次伐楚，一口气占领了鄢、邓、西陵等地。

虽然秦国接连取得了对楚国的军事胜利，士气大涨，但是秦昭襄王知道，赵国还在一旁虎视眈眈。要是赵国趁白起对楚国用兵之时，突然反攻秦国，秦国还真的有点难于应对。想到这里，秦昭襄王就派使者去赵国，要求在黄河外的渑池举行双边会晤。

几年下来，赵国很多人都患上了"恐秦症"，好不容易秦军刚刚撤走，秦国的请柬又来了。赵惠文王想来想去，觉得还是不去赴约最安全。但廉颇和蔺相如建议："大王您若是不去赴约，就会显得赵国懦弱又胆怯。"赵惠文王也明白不给秦国面子的代价，只得带着蔺相如前去赴约了。

廉颇把他们送到赵秦边界上，对赵惠文王说："从这里去渑池，来回行程最多三十天。如果三十天后大王没有回来，请您允许我马上立太子为赵王，断了秦国要挟赵国的念头。"

赵惠文王同意了这个提议。

秦、赵两国君主终于在渑池会面了。双方到底都谈了些什么，做出了什么样的合作协议框架，历史上并没有详细记载，倒是有一个非常有名的故事流传至今。

某天，秦昭襄王邀请赵惠文王赴宴，酒兴正浓时，突然提出请赵惠文王表演鼓瑟。赵惠文王没有办法，只得拿着乐器（瑟）演奏了一曲。那时，大家都认为吹拉弹唱是下等艺人才做的事，贵族根本不会碰。赵惠文王演奏过后，脸色很难看。秦昭襄王欣赏过后，脸色很灿烂。

当然，如果只是搞了一场恶作剧，后面的事情也许就不会发生了。哪知，秦昭襄王高兴得有点过头了，在笑着表扬赵惠文王技艺精湛之后，还叫来秦国的史官记述了一段文字："某年月日，秦王与赵王会饮，令赵王鼓瑟。"

赵惠文王看到秦国史官认认真真地记在竹简上，知道自己为秦昭襄王鼓瑟这一笔注定要被载入历史了，心里气得要命，觉得这个脸丢得更大了。

这时，蔺相如登场了，他跑到秦昭襄王的面前，大声说道："赵王很早就听说秦王您很擅长秦地音乐。现在请让臣给大王捧上瓦缶。"

秦昭襄王一听，差点儿大爆粗口。蔺相如却不管秦昭襄王的脸色，跑到边上拿到一只瓦缶，然后跪到秦昭襄王的面前，大声说："瓦缶来了，请大王演奏！"

秦昭襄王当然不肯击缶。蔺相如早就猜到了，他冷冷一笑，大声说："现在臣离大王只有五步。五步之内，臣就可以颈血溅大王！"

秦昭襄王的卫士们哪想到会发生这样的事，纷纷拔出兵器，要砍了蔺相如。

蔺相如怒目而视，大声呼喝起来，那些卫士居然被他吓得畏缩起来，不敢轻易行动了。

秦昭襄王一看，自己要是硬着头皮不应，只怕蔺相如敢立马变成刺客，只得在瓦缶上敲了一下。

蔺相如赶紧回头招呼赵国的史官，让他写上："某年月日，秦王为赵王击缶。"

秦昭襄王虽然脸色难看，但事已经至此，只好默默咽下了这口气。

秦国的大臣们看到蔺相如多次让秦昭襄王丢脸，纷纷大声喊道："请赵王用十五座城向秦王献礼。"

蔺相如听到后，立马大声回应："请秦国用咸阳向赵王献礼。"

秦昭襄王原本有心在宴会上羞辱赵惠文王一番，但都被蔺相如化解了。秦昭襄王始终未能压倒赵惠文王。而且，赵国此次前来并非毫无准备，廉颇陈兵赵秦边境，对秦国虎视眈眈，秦国也不敢有什么太出格的举动。渑池相会就在这种微妙的气氛中结束了。

田单复齐

就在秦国和周边几个国家不断发生摩擦之时，燕国和齐国之间的战争也在继续着。乐毅率领燕军将齐国王室的势力困在莒城、即墨两座城中。

想浑水摸鱼的楚将淖齿在杀掉齐湣王后不久，为王孙贾所杀。淖齿一死，齐国的大臣们开始寻找齐湣王之子，希望早日立他为王，使齐国尽快找回主心骨。齐湣王之子在哪里呢？这位王子名叫田法章，在父亲齐湣王遇害后，改名换姓躲到了莒城，在太史敫家里做仆人。开始的时候，他根本不敢说出自己的身份。等过了一阵，田法章觉得形势好转一些之后，才站出来说明了自己的身份。之后，大家拥立他为齐王（齐襄王），坚守莒城以抵抗燕军。

就在齐襄王驻守莒城之时，另一个厉害的人物在即墨登场了，他就是田单。田单是田氏王族的远亲。齐湣王在位时，田单担任的是首都临淄佐理市政的一个小官，并未被重用。后来临淄被乐毅攻破了，田单逃到了安平。

在逃跑的路上，田单就已经感觉到，安平一点也不安全，估计用不了几天就会被乐毅攻破。于是，他叫族人用铁皮把车轴包好。没过几天，果然安平被攻破，大家都争着出逃，可一到城门，就发生了拥堵事故，其他人都因为车轴相撞时被碰断而无法离开，被燕国俘虏。只有田单及其族人因为车轴提前包了铁皮，才得以顺利冲了出来。之后，田单带着他的族人们逃到了即墨。

当时，齐国只有即墨、莒城两城未被攻下。乐毅开始对这两座城发起攻击，集中右军、前军包围莒城，集中左军、后军包围即墨。①

即墨大夫亲自率军去迎战，结果战死在城外。即墨大夫一死，即墨城中立刻陷入群龙无首的状态。经过讨论，大家推举田单当将军，带领大家一起坚守即墨，抗击燕军。

乐毅本以为这两座城应该没有什么战斗力了，没想到却遇到了顽强的抵抗，围攻这两座城一年了，都未能攻克。无奈之下，乐毅便下令解除包围，退至城外九里处修筑营垒。

同时，乐毅还下令说："如果城里的百姓出来，不要抓捕他们。如果

---

① 一说，乐毅带领的燕军先是全力攻打莒城，结果打了好几年都没有打下来。之后乐毅才带兵转攻即墨。

碰到他们有困难，我们还要主动帮助他们。让他们各操旧业，这样才能起到安抚他们的作用。"

虽然乐毅政治眼光不错，懂得用安抚百姓的做法来收买人心，可惜三年过去了，他仍然没有拿下这两座城。

对于这种局势，燕国国内看不惯乐毅的人暗自开心起来。本来他们就对乐毅拿下齐国七十余座城十分嫉妒，觉得乐毅对自己的地位产生了极大的威胁，便希望能抓到乐毅的"小辫子"。

面对这种机会，这些人自然不会错过，他们马上对燕昭王说："乐毅智谋过人，军事能力出众，他攻打齐国，只片刻之间就拿下了七十余座城。现在只剩下两座城，他要拿下应该不成问题。可是现在他花了这么多年的时间，仍然没有一点儿进展，目的就是想倚仗兵威恐吓齐人，收买人心，然后自己在南面称王。如今齐国人心已服，他之所以没有行动，是因为他的妻儿都还在燕国。齐国的美女很多，只怕再过一段时间，他就会忘记自己的妻儿。那时，大王还能拿他有什么办法？您还是得及早防备他。"燕昭王听了，没有作声，而是下令大摆酒宴。在宴会上，燕昭王把那几个讲乐毅坏话的人叫过来，大声斥责道："先王倡导礼待贤才，并不是为了多得土地留给子孙。继承人缺少德行，不能完成大业，而且使百姓心生怨恨。无道的齐国趁着我国发生内乱，蹂躏我国。寡人继位以后，对此痛心疾首，广纳宾客，以求报仇。谁能帮寡人报仇，寡人便愿意跟他分享燕国的大权。现在乐毅为寡人大败齐国，还占领了大片齐国的土地，毁了齐国的宗庙。按照乐毅的功劳，把齐国的土地都送给他也一点儿不过分。齐国原本就不是燕国的土地，要是乐毅当上齐王，从此跟燕国成为友好邻邦，共同对付其他各国的侵犯，那才是燕国的福气、寡人的心愿啊！你们怎么敢来挑拨寡人跟他的关系呢？"最后，燕昭王宣布将挑拨者处死。

杀完了挑拨离间的人后，燕昭王还给乐毅的妻子送了王后的服饰，给乐毅的儿子送了王子的服饰。然后，他准备了君王所用的车马和上百辆属车，派宰相送到乐毅那里，立乐毅为齐王。

乐毅面对如此厚礼十分惊慌，拜谢后连连推辞，还写了一封信，请燕昭王收回成命，宣誓以死效忠燕王。

齐国人一看，觉得乐毅真是个道德高尚的人，都很敬佩他。其他各国的人也对乐毅很尊重，没有人再来算计他了。

按理说，照这种形势发展下去，乐毅拿下齐国最后两座城应该只是时间的问题了，齐国灭亡也是情理之中的事情。可惜，事情的发展总是出乎大多数人的预料。

燕昭王在秦昭襄王二十八年（前279）因病去世了。燕昭王一死，乐毅的好日子也马上到了头。乐毅能取得现在的成就，主要原因就是得到了燕昭王的鼎力支持。现在这个强力的后台倒了，如果继任燕王能继续执行燕昭王的政策，那么乐毅还有可能拿下齐国。遗憾的是，燕国的新君是燕惠王。

燕惠王在当太子时就与乐毅有矛盾，只是燕昭王一直把乐毅当成宝贝，他不敢做出太出格的事情。燕惠王继位后，乐毅的处境就变得微妙起来。

乐毅与燕国新君不合的事，很快便被田单知道了。田单知道，自己的机会，不，齐国的机会来了。于是，一个著名的反间计就此拉开了序幕。

田单派人跑到燕国，进行大量的谣言散布工作。谣言的内容是：齐湣王已经被杀死，乐毅却一直攻不下齐国这最后两座城池，主要原因不是乐毅没有能力，而是他不愿意攻城。由于乐毅跟燕国新君之前有矛盾，怕得胜后回去被杀，所以就以伐齐为名，故意留在齐国，等时机一到就在齐国称王。乐毅因为现在齐国百姓大多反对他，民心不稳，所以暂时拖延时间，只是围着即墨等待。现在齐国百姓最怕的不是乐毅，而是燕国换别的将领前来带兵。那样一来，即墨就必破无疑了。

如果燕惠王能认真思考一下，肯定不会相信这个谣言，应该像燕昭王一样把造谣的人统统抓起来砍头。但是，燕惠王非常喜欢听这样的话，这给了他一个修理乐毅的大好机会。

于是，燕惠王没有什么迟疑，立刻宣布撤换乐毅，派大将骑劫接管军队。接到这个消息后，乐毅没有做任何抵抗，只是长叹一声，跟骑劫办完了交接手续。

交接完成后，乐毅知道燕惠王肯定是容不下自己了，如果就这么回燕国，迎接他的只有大刀。在权衡利弊之后，他决定跑到赵国避难。燕国的将士看到燕国高层突然换掉乐毅，都很愤怒，不愿意跟着骑劫去打仗。

田单听说燕惠王果然入了圈套，现在燕军主将的旗号已经换了，哈哈大笑起来。当然田单也知道，自己的计策想要成功，光忽悠燕惠王是不够的，还得让齐国百姓以及城外的燕军都蒙在鼓里才好。

田单的忽悠之计具体分为两步。

第一步，田单对即墨城内的百姓下了一道命令：城中的百姓在用餐前，都必须先在露天的庭院里摆放贡品祭祀祖先。结果，即墨城内的百姓发现常会有飞鸟成群结队地下来啄食贡品，他们都觉得很奇怪。其实当时各国连年征战，鸟儿缺食，一见有东西可吃，不来啄食才怪。不过，那时的百姓们很少会想到这一点。

田单要的就是这个效果，他立刻向百姓高调宣布，现在有天上的神仙下凡，传授他打败齐军的方法。

有个士兵大声说："我也可以做老师吗？"说完转身就走。田单一听，连忙起身，请士兵坐在向东的上座，然后举行了隆重的拜师仪式。

这个士兵一看，觉得玩笑开大了，对田单说："其实我是骗您的，我一点儿神仙的本事都没有。"田单听完后，警惕地瞅了瞅周围，压低声音对他说："我知道，你不用再说下去了。"

从此，每当田单要发出什么指示，都会宣称是神仙老师的意思。就这样，即墨城中的民心安定了下来。

第二步，田单对着燕军又散布了一个谣言。

田单让人到城外燕军的驻地散布言论，说："田单现在最怕的是燕军把齐国战俘的鼻子割去，然后让他们在打仗的时候站在燕军的队伍前面。这样做，即墨必然会被马上攻克。"

这个谣言可信度极低，但是骑劫相信了。他真的下令士兵把齐国战俘的鼻子割掉。即墨城里的人一见燕军如此凶残，都愤怒不已，拼命地坚守城池，唯恐被俘。

田单一看，城里的士气果然提升上来了。但是，他觉得还不够。于是，田单开始了第二波的传谣。这次谣言的内容是，田单现在最怕的是燕军挖齐国人在城外的祖坟，侮辱他们的祖先，这是最能让人寒心的事了。

骑劫和之前一样，对谣言又一点不加分析地采纳了。在骑劫的授意下，燕军纷纷拿起锄头铁锹，去挖齐国人的祖坟，并且焚烧死者的尸骨。

田单收到消息后，立马组织即墨百姓爬上了城楼。大家看到燕军的举动涕泗交流，纷纷请求田单打开城门，让他们与燕军决一死战。

田单看到即墨的士气已经提升到了顶点，便亲自拿起夹板铲锹，跟士兵们一起修筑城墙。此外，田单还把自己的妻子姬妾全部编到守城队伍之中，并且把全部食物都拿出来犒劳士卒。之后，他把即墨的老弱妇孺都集中起来到城头守卫，而把城里的精锐部队全部埋伏在了城下。

做好这些部署之后，田单派人去和燕军谈判，说即墨快守不住了，城中人请求投降。骑劫很高兴，一口答应。

于是，双方马上谈好举行受降仪式的日子。燕军围攻即墨多年，这时听说即墨要举城投降，都很高兴。

田单没有被冲昏头脑，他知道，现在燕军的数量远远多于齐军，如果双方真的硬碰硬，只怕自己胜不了骑劫。所以，田单计划让燕军的警惕性不断降低。

于是，田单又在即墨城中来了一次紧急动员，请城中的人把家里的黄金都拿出来，最终征集到了一千镒黄金，之后让即墨城里的富户送给燕军，并一再叮嘱燕军："即墨就要投降了，希望你们进城之后，不要掳掠我们的妻子姬妾，让我们能继续平安地生活。"

燕国诸将大喜，就答应了。于是，燕军上下更放松了警惕。

田单并没有因为燕军入套而沾沾自喜，而是沉稳地继续按自己的计划进行。他把城中的牛都集中起来，一共有一千多头。之后，他给这些牛披上了用大红绸绢制成的被服，上面都画有五彩龙纹，再在牛角上绑好锋利的尖刀，最后在牛的尾巴上捆上浸有油脂等的易燃物品。

做好这些准备之后，田单命人在城墙边凿了一些墙洞，然后在夜里把牛从洞里放出去。五千名精壮的士兵悄悄跟在牛的后面，点燃了牛尾巴上的易燃物品。尾巴被烧着了的牛痛得向前狂奔，直冲燕军的大营。

燕军都在沉睡之中，突如其来的变故使他们惊慌失措。牛尾巴上的火光把夜晚照得通明如昼，燕军只看到一群牛发疯似的冲进来，被碰到的人非死即伤。他们又看到这些牛身上都画了五彩龙纹，以为是神牛从天上下来惩罚他们，更加惊恐万分。那五千名精壮的士兵此时冲了上来，奋勇拼杀。

与此同时，即墨城里的妇孺老弱们都敲着各种器具，大声喊叫，与城外的呐喊声汇合成惊天动地的声浪。燕军争先恐后地四散奔逃。齐军则疯狂地屠杀着燕军。骑劫也未能幸免，被当场杀死。

齐军乘胜追击，所到之处包括已经划归燕国版图的齐国城镇，全部归顺田单。田单的兵力日益强大，乘着军威一路把燕军赶到了黄河边上，原来属于齐国的七十多座城池都被收复了。

之后，田单派人到莒城把齐襄王请回临淄，处理齐国的政务。为了表彰田单的功劳，齐襄王重重赏赐了田单，封他为安平君。

秦国到处出兵

北方的燕齐之争落下帷幕，秦昭襄王却不愿意停下自己的脚步。秦昭襄王二十九年（前278），秦国派大良造白起带着军队进攻楚国，成功攻占郢都，然后放火烧了夷陵。夷陵正是楚国历代先王的陵墓所在地。被流放的屈原听说后，悲愤地跳进了汨罗江。楚顷襄王仓皇出逃，将都城迁到了陈地。

楚顷襄王很郁闷，秦昭襄王却很开心，他把白起刚刚攻占的郢都一带设为南郡，封白起为武安君。

白起并没有因为被封君而止步不前，到秦昭襄王三十年（前 277），他逐步平定了巫、黔中地区，秦昭襄王在此设置了黔中郡。

楚国被秦国打得灰头土脸，毫无还手之力，只能天天提心吊胆地盯着秦军，生怕白起一声令下，秦军又冲过来。虽然楚国国土面积比较大，战略纵深很深，可老是被秦军赶着四处迁都，终究是一件丢人的事。

楚顷襄王也想过反抗，但是自身实力不够，又拿白起等人没有什么办法，只能背地里大骂秦国，觉得自己简直太倒霉了。

当然，让楚国可以稍感"安慰"的是，这段时间不只楚国一家倒霉，魏国也很倒霉。秦昭襄王三十年（前 277），魏昭王去世，他的儿子魏安釐王继位。

白起觉得魏国此时刚刚换届，权力重新洗牌，政局肯定不怎么稳固。如果这时带兵打过去，拿下一两座城池，估计成本要比平时低很多。而且，这时楚国各地的兵力已经完成集结，再和楚国斗下去，付出的代价就太大了。

秦国在这方面的思路一直比较清晰。以秦国现在的实力，很难在短时间内灭掉其他国家，一不小心还有可能削弱自己的实力，燕国就是一个很好的例子。秦国现在的目标很简单，就是不断地蚕食周边国家，逐步增强自己的实力。

于是，秦昭襄王三十一年（前 276），白起调整了战略部署，把进攻的矛头转向了魏国，果然轻松拿下了两城。

这时的楚国却没有把握住机会。楚顷襄王召集东部军队，得到十万多人，本来是要跟白起决一死战的，没想到白起去攻打魏国了。楚国松了一口气。楚顷襄王没有选择偷袭白起，而是向西攻取了长江以南的十五座城池。

对于这个战绩，楚顷襄王应该是比较满意的，但他高兴得实在是太早了，居然忘记了对楚国威胁最大的是秦国。秦国打完楚国又马上去打魏国，同时结怨两国，正是这两国团结协作、同仇敌忾地跟秦国死磕到底的时候。楚国缺乏长远的眼光，只能看到眼前的一点儿小利，不仅没有去联合魏国，而且在客观上也为秦国免去了极大的威胁。这就是短视的后果。

秦国躲过了楚国和魏国的联合威胁后，在秦昭襄王三十二年（前275），秦相穰侯魏冉率兵伐魏。魏国赶忙向韩国求救，韩国立刻派暴鸢带兵救魏。可惜，暴鸢没能挡住秦军的暴击，魏冉大破韩军，杀死四万人。暴鸢害怕被治罪，逃往开封。

魏国只好献出八座城池求和。魏冉收下这八座城池之后，没有撤兵，反而继续攻打魏国。碰上这样的敌人，魏国只能自认倒霉，派芒卯出来应战。魏冉大军长驱直入，把芒卯打得抱头狂逃，秦军进逼到北宅地区。魏国只好再次割地求和，这次割让的是温邑。这一次，秦国终于退兵了。

魏国通过无情的现实意识到，如果不跟别的国家联合起来，重走合纵路线，那么自己就会成为第一个被秦国灭亡的大国。

于是，在秦昭襄王三十三年（前274），魏国与齐国达成了联盟，一起对抗秦国。秦国知道这个消息后，派魏冉出兵魏国加以试探。结果秦军攻陷魏国四城，斩首四万，取得大胜。

被秦国打得毫无还手之力的魏国并没有反思合纵的策略是否有问题，而是急匆匆地想把被秦国占领土地的损失弥补回来。于是，魏国联合赵国一起进军韩国华阳。韩国实力一直不强，知道光凭自己是打不过赵魏联军的。本着敌人的敌人就是朋友的原则，韩国转向秦国求救。可惜，韩国的如意算盘最终落空，秦国一口回绝了韩国的请求。

韩国高层都慌了手脚，要是秦国不出兵，他们估计就彻底完蛋了。没办法，韩国相国只好请抱病在身的陈筮出使秦国。陈筮接受了任命，一到秦国就来拜见魏冉。魏冉冷笑着说："韩国情况很危急了吧？所以派您来了。"没想到陈筮却说："不着急。"

魏冉生气地问他："为什么？"

陈筮回答道："韩国要是真被逼急了，肯定会转投别的国家。现在韩国形势还不算太糟，所以派我来秦国求救。"

魏冉一听，心里大骂陈筮果然老奸巨猾，居然用这种方法来要挟秦国。但是如果韩国真的投靠了别的国家，对秦国来说可是大大的不利，于是魏冉赶忙答应出兵韩国。

魏冉跟白起、胡阳带着军队狂奔救韩，用八天时间到达了华阳。秦军在华阳城下大破魏军，赶走芒卯，俘虏三员魏将，斩首十三万。

随后，白起又向赵军发起了攻击。赵国大将贾偃能力明显不如白起。赵军没过多久就抵抗不住了，很多士兵慌不择路跳到黄河里，最后被淹死的赵军达两万多人。

魏国看到赵国也被秦国狠狠收拾了，一时茫然无措起来。这时，段干子站了出来，向魏安釐王提议把南阳割给秦国求和。但是苏代不同意段干子的意见，他对魏安釐王说："段干子想要当相国，秦国想得到魏国的土地。如果您信任段干子，就等于放手让他跟秦国勾结，让想夺地的秦国控制相印。让想要相印的段干子来控制魏国土地，结果就是魏国会丧失掉最后一寸土地。献地去向秦国求和，好比抱着干柴去救火，干柴没有烧完，火是不会灭的。"

苏代最后这句话相信大家都很耳熟，原文是："夫以地事秦，犹抱薪救火，薪不尽，火不灭。"

这句话在宋代苏洵的《六国论》中也出现过，而且由这句话还引出了一个成语——抱薪救火。

魏安釐王虽然觉得苏代的话很有道理，可又没有别的办法对付秦国，只得长叹一声，说："话虽如此，可是事已至此，无法改变了。"

苏代继续劝说："下棋时大家之所以重视'枭子'，是因为这个棋子方便时可以吃子，不便时可以停止。现在大王使用智谋，为什么还不如下棋用'枭子'一样灵活呢？"

魏安釐王最后也没有听从苏代的劝告，还是把南阳割让给了秦国。

黄歇使秦

秦国通过几场战争把韩国和魏国都打服了，两国心甘情愿地成了秦国的跟班。于是，秦昭襄王就派白起联合韩、魏两军一起攻打楚国。其实，楚国一直在害怕秦国拿其开刀。按照以往的做法来看，打完韩、赵、魏之后，秦国肯定要来找楚国的麻烦了。所以，在以秦国为首的三国联军还没有出发前，楚国就提前派了黄歇去访问秦国。

黄歇就是有名的战国四公子之一的春申君。其他三位分别是魏国的信陵君魏无忌、赵国的平原君赵胜和齐国的孟尝君田文。此时的黄歇虽然还没有成为春申君，但已经是楚国的重臣了。

黄歇知道，如果秦国真的联合韩、魏两国攻打楚国，那么楚国肯定是挡不住的。为了阻止秦国的行动，黄歇给秦昭襄王上了一封长长的奏书。黄歇这封奏书主要是围绕着利益问题展开的，而且重点强调了秦国的利益。

这封奏书的大概意思是：秦国现在国力强盛，接连打败了韩国、魏国和赵国，可谓战功赫赫，其他国家无一不忌惮秦国的实力。如果秦国能保持功业威势，收敛继续进攻的雄心，在已经占领的土地上广施仁义，消除后患，那么日后就有极大机会成为霸主。但是如果秦国想凭借自己军队和武器的优势，趁着战胜魏国的兵威，迫使各国君王向秦国俯首称臣，就有极大可能给自己招来后患。因为楚国灭亡会使韩国、魏国变得强大，现在韩国、魏国只是表面上与秦国亲善，目的是免除灾祸。这种做法实际上是想欺骗秦国，因为秦国对于韩、魏两国并无再世的恩德，却有累世的积怨。韩国、魏国人中，父子兄弟接连死于秦国刀兵之下的，已近十代了。所以韩国、魏国只要不灭亡，终究是秦国的忧患。况且，秦国进攻楚国需要向世仇魏、韩两国借道，一路上遇到的艰难险阻一定不会少。当秦国、楚国军队打得难解难分时，魏国会趁机出兵攻打宋国旧地，齐国也会向南攻楚来占领大片肥沃的土地。这样，齐国、魏国将会变得更为强大。与其如此，秦国不如与楚国亲善，联合起来进攻韩国，韩国必然屈服称臣。秦国控制华山以东的险要，占有九曲黄河的有利位置，韩王必定成为关内侯。这足以使魏王胆战心惊，许、鄢陵两城被困后，上蔡、召陵也将与魏都大梁无法来往。那时，魏王就成了关内侯。再使关内两个拥有万乘兵车的大国向齐国索要土地，齐国西部领土便唾手可得。秦国的领土横贯两海，扼制天下，再威逼燕国、赵国，直捣齐国、楚国，这四个国家还没等到被痛击就会主动降服秦国了。

秦昭襄王看完这封奏书后，细细琢磨了几遍，觉得黄歇说得确实有道理，便听从了黄歇的意见，告诉白起停止行动。随后，他又辞谢了韩国、魏国的军队，送黄歇归国，并跟楚国缔结了睦邻友好的条约。

到了第二年，楚顷襄王派黄歇侍奉太子芈完去秦国做人质。秦、楚两国的纠葛暂时告一段落。

随后，秦国与魏国、楚国组成联军，进攻燕国。

赵奢阏与破秦

黄歇的上书虽然挽救了楚国的危机，但也提醒了秦昭襄王一件事——不可对三晋掉以轻心。即便韩、魏两国臣服，赵国也不可小视。特别是这几年，赵国小动作不断。先是蔺相如率兵伐齐，一直打到平邑，后有平原君荐贤，使赵国国力大增。于是，秦昭襄王三十七年（前270），秦国出兵伐赵，围困阏与城。

赵惠文王听闻，急忙把几位重臣请来开会，讨论需不需要去救阏与。廉颇、乐乘两人一致认为，由于路途遥远，道路险峻，恐怕根本来不及救援。赵惠文王很郁闷，不想就这么失去一块土地，把目光转向了赵奢。

赵奢虽然位列朝堂，但之前只是一个收田租的小官。有一次他去平原君家收租税，没想到平原君的家人不愿意交税。赵奢依法处置，杀了平原君家中九名管事。这件事使平原君十分愤怒，便想把赵奢抓起来杀死。赵奢并不害怕，反而对平原君说："您在赵国是贵公子，如果纵容手下人做违法的事情，那么法纪就会被削弱，国家也会因此衰弱。国力衰弱，各国会抓住机会攻打赵国，赵国也就不复存在了。赵国灭亡了，您又怎么能安享尊荣呢？如果您凭借着自己的尊贵地位，带头奉公守法，上下一心，国家就会逐渐变得强大。赵国的江山稳固了，您作为国家的宗室，难道还会被各国轻视吗？"

平原君听完，觉得赵奢有能力，便把他推荐给了赵惠文王。赵惠文王派赵奢管理国家赋税，结果国库充实，人民富庶。

焦头烂额的赵惠文王想起了赵奢，问他怎么看这个问题。赵奢说："路途遥远、道路险峻不能成为不救阏与的借口。大家都在恶劣的环境下打仗，勇敢者会取得最终的胜利。"

赵惠文王觉得赵奢说得有道理，便命令他率领军队前去救援。赵奢率军从邯郸出发，才出邯郸三十里左右就下令停止前进，还发布军令说："如果有人谈论军事，一律处死。"

此时，秦国军队驻扎在武安城西，他们摆开阵势，列阵呐喊。气势之足，连武安城房屋上的瓦片都开始震动。武安城中的军民无不骇然失色。对于秦军而言，武安城唾手可得！

赵奢手下的一个军吏看到武安的处境已经十分危急，急忙跑去请求赵奢救援武安。赵奢并没有丝毫犹豫，立刻下令把军吏斩首了。

于是，谁都不敢再说话了。赵奢仍然在原地坚守着，他很有耐心，一守就是二十八天，不断增修营垒，似乎是在做应对秦军攻打首都邯郸的准备工作。

后来，有一名秦国的间谍潜入赵军。赵奢一眼就看出来了，但他没有作声，而是用好吃好喝招待秦国间谍。这名秦国间谍回去之后，向秦军将领汇报了自己的见闻。秦军将领一听，十分高兴："赵国的援军才离开国都三十里就按兵不动，还修固营垒，阏与肯定唾手可得了！"

赵奢放走秦国间谍之后，立刻下令收拾装备，卷起盔甲，以最快的速度行军，仅一天一夜就到了离阏与五十里的地方，扎下营寨，修筑营垒。秦军看到赵军突然出现，立刻出来迎敌。

赵奢手下有个军士叫许历，他要求面见赵奢，说要提一些军事建议。许历说："秦军绝对没有想到赵军会出现在这里，对咱们的虚实还没有摸清楚，所以摆出一副盛气凌人的模样。如果将军不集中兵力跟他们决战，后果将会很严重。"

赵奢说："你提醒得太对了，我接受你的意见。"

许历说："我违反了军纪，请把我处死吧。"

赵奢却说："那个命令只在邯郸适用。"

许历便再次提议说："按目前的态势，谁先占领北山，谁就能取得胜利。后到的人肯定会失败。"

赵奢同意许历的话，立即派出一万人，抢在秦兵的前面占领了北山。这时秦军也意识到北山的重要性，但已经迟了。不过，秦军将领反应也很快，立刻组织士兵攻山，可惜一直没有成功。

秦军士气大跌，赵奢一看机会来了，命令全军猛攻秦军，果然秦军大败。无奈之下，秦军撤去对阏与的包围，退兵回国。

赵奢一战成名。他在几乎无人敢与秦军抗衡的情况下，居然把秦军打得大败而回。因为这样的战绩，赵惠文王封他为马服君，让他跟廉颇、蔺相如同一个级别。给赵奢提出关键建议的许历也被任命为国尉。

第二章

范雎相秦

范雎受辱

其实，以秦国现在的实力，要吞并赵国仍然有一定的难度。再加上，相国魏冉不顾秦国的利益，把重心完全放到扩大自己的封地上 ①。秦昭襄王很郁闷。自从秦昭襄王继位后，已经三十多年了，可是大权基本还是在宣太后及穰侯魏冉等四贵手里。秦国大多数人都不知道秦昭襄王的烦恼，或者假装不知道，只有一个人例外，这个人就是即将登场的范雎。

范雎是魏国人，曾经去各国求职，但都没有成功，最后只好回到了魏国，打算在本国碰碰运气。可范雎出身贫寒，连见魏昭王一面都很难，无奈之下，他只好投靠中大夫须贾，希望能有出人头地的机会。

后来，须贾出使齐国，范雎作为随从一同前往。一行人在齐国停留了好几个月，都没有被齐湣王接见。令人奇怪的是，躲着不见魏国使者的齐湣王听说范雎能言善辩，却私下悄悄派人赠给他不少钱财、美酒和牛。

虽然齐湣王表现出了赏识之意，但范雎知道这些东西是不能随便拿

---

① 魏冉的封地在齐国的陶地。他指使客卿灶攻打齐国临近陶地的刚、寿两地，意在变相地扩大自己的封地。

的，就婉拒了。须贾也知道了这件事，他以为是范雎把魏国的秘密告诉了齐国，齐潜王才给了他赏赐。做了这种"符合逻辑"的推理后，须贾并没有马上动手，而是故作大方，命范雎收下赏赐。

等须贾完成出访任务回到魏国后，第一件事就是去找魏相魏齐告发范雎。魏齐听说国家机密被出卖了，十分震怒，也没来得及细想，直接下令把范雎抓起来，然后叫手下狠狠地鞭打他。

一顿毒打之后，范雎受伤严重，肋骨被打断了，牙齿也被打掉了很多。范雎知道，如果自己不赶紧想个办法，肯定会被活活打死，但是这时他根本跑不了。绝境之中，范雎只好装死。那几个执鞭的手下看到范雎一动不动，便以为他已经死了，就用一张破席子把他包起来，丢到了厕所里。

知道范雎"死了"，魏齐依然不打算放过他。随后，魏齐大摆酒席，宴请宾客，谁喝醉了谁就去范雎所在的厕所，把尿撒在范雎的身上。魏齐和大家说了这样做的原因："我是在告诫大家，以后不要在外人面前多嘴。"

范雎知道，如果继续被丢在这里，他就不用装死，而是真的要死了。可是他又不能自己跑出去，只能向人求助。于是，范雎悄悄对看守说："你如果把我放出去，我以后一定会重重地酬谢你。"看守动心了，于是去请示魏齐，希望能把席中的死人扔掉。

这时魏齐已经喝醉了，顺口说了一声："可以。"范雎就这样顺利地逃出了魏齐的手心。

魏齐清醒之后，有点后悔把范雎扔了，便派人四处寻找范雎的尸体，但哪里还找得着呢。范雎去哪儿了呢？

原来，是郑安平把范雎藏起来了。郑安平知道范雎很有能力，听说范雎处境不佳后，立刻找到他，把他转移到一个安全的地方，并让他改名。

改名后的范雎自称张禄。不久，他们听说秦国派使者王稽出使魏国。范雎知道，想要保住性命，且想日后报仇的话，只有依靠强大的秦国才可能实现了。

于是，郑安平化装成差役去找王稽。王稽便问："现在魏国还有哪位贤才想到秦国来吗？秦国十分欢迎。"

郑安平说："小人的同乡张禄先生想见您，谈谈天下大事。他现在受人陷害，正到处躲避追杀。如果您真的想为秦国寻找贤才，小人可以安排您跟他在晚上见面。"

王稽一听，当下便答应了郑安平。到了晚上，范雎终于跟王稽偷偷见面了。两人的话还没谈完，王稽就发现范雎确实是位贤才，心中大喜，便对范雎说："请先生在三亭冈的南边等着我。"

三人当场约定，待王稽完成任务后，就带范雎离开魏国。等王稽辞别魏王返程，经过三亭冈南边时，按之前的约定，载上范雎一起进入了秦国国境。马车驾驶到湖邑时，他们迎面遇上一队车马，从西边奔驰而来。

范雎问："那边是谁来了？"

王稽说："是穰侯（魏冉）去东边巡视考察县邑。"

范雎一听是魏冉，便说："我听说穰侯独揽秦国大权，他最讨厌收纳各国的说客，我这样和他见面，恐怕他是要侮辱我的，我宁愿在车里暂时躲避一下。"

不一会儿，魏冉果然和王稽的队伍碰面了。在向王稽道过问候后，魏冉便停下车询问道："关东的局势有什么变化吗？"

王稽答："没有。"

魏冉又对王稽说："您该不会带着那些说客一起回来吧？这种人一点儿用处也没有，只会扰乱别人的国家。"

王稽赶紧回答说："臣下不敢。"

魏冉随即告别而去。

范雎对王稽说："我听说穰侯是位智谋之士，处理事情时十分多疑，刚才他怀疑车中藏着人，可是忘记搜查了，估计会再回来查看的。"

于是，范雎跳下车来奔走，并预测道："穰侯必定会后悔没有搜查车子。"

走了十几里路后，魏冉果然派骑兵追来搜查车子，发现没有人才作罢。度过这个危机之后，范雎终于同王稽一起进入了咸阳。

远交近攻

稍作调整之后，王稽去向秦昭襄王复命，趁机向秦昭襄王推荐了范雎（当然，这会儿他被称为张禄）："有个叫张禄的人，是难得的善辩之士。他对臣说：'秦国已经危如累卵。现在只有重用我，才能转危为安。不过，秦王必须跟我面谈，不能用书信传达。'所以臣把他带到了秦国。"

秦昭襄王一听，觉得范雎在吹牛，便只把他安排在客舍里。就这样，范雎等了一年多，仍然没有见到秦昭襄王。

因为这时的秦昭襄王跟魏冉一样，觉得秦国十分强大，除了燕国之外，各国都吃过秦国的亏。他根本不需要范雎这样的舌辩之士。虽然暂时没有见到秦昭襄王，但是范雎仍然在耐心等待，他知道自己总会有机会的。果然，机会很快就来了，还是由魏冉创造的。

魏冉因为有宣太后的庇护，私人财富甚至超过了国库，但他还是不满足，想继续扩大自己的封地，便打算派人越过魏国和韩国去攻打齐国的刚、寿两地。听到这个消息后，范雎立即给秦昭襄王上了一封奏书，表达了自己想面见秦昭襄王的愿望，请秦昭襄王在百忙之中抽出一点儿时间。如果他的建议对秦国无益，就请秦昭襄王立刻杀掉他。另外，还有一些机密的话，是不能写在信上的，必须和秦昭襄王当面详谈。

秦昭襄王目前的处境很糟糕，朝政基本由母亲和舅舅把持，自己根本没有什么话语权。这时读到范雎的信，心中大喜，于是叫来王稽向他表示了歉意，派他用专车去接范雎到离宫见面。

范雎并没有被秦昭襄王的召见冲昏头脑，相反，他的头脑更清醒了。他在去见秦昭襄王时，还故意装傻。范雎到了宫门口，假装不知道是内宫的通道，硬是直接往里闯。

这时秦昭襄王正好从对面过来，一名宦官跑了过来，气急败坏地大声驱赶范雎，呵斥道："大王已经驾到，你怎么还不回避?!"

范雎一听，当下做出一副傻相，说："秦国什么时候有过大王? 我只听说有太后和穰侯而已。"

秦昭襄王听到范雎的话，觉得超级刺心，马上过去迎接范雎，并向他道歉，说："寡人本来早该向您请教的，但因为要紧急处理义渠王的事，所以才耽误了一些时间。现在事情处理完了，寡人才有机会向您请教。寡人不聪明，请允许寡人向您行礼为歉。"

范雎连连辞让。那天，目睹范雎拜见秦昭襄王的大臣们无不变颜变色。等到秦昭襄王屏退左右，恭敬地讨教时，范雎又开始装傻，面无表情地附和着"是啊，是啊"，却一直没有下文。

现在，对于秦昭襄王和范雎而言都是个机会。估计秦昭襄王物色这样的人已经很久了，好容易遇见范雎，哪能放过这个机会。

范雎更是知道，今天是他这一生中最重要的一次机会，如果错失，他将变得一文不值了。因此，他必须先吊一吊秦王的胃口，看其是不是真的有决心解决此事。

结果，秦昭襄王耐着性子，再三请范雎赐教，态度极其诚恳，可范雎依然在装傻。无奈之下，秦昭襄王问道："先生真的不愿意赐教吗？"

范雎这才说了实话，他拿姜太公和周文王举例，说明了他之前的顾虑。之后，他向秦昭襄王表达了自己的忠心，大意是："臣只是一个寄居他乡的臣子，跟大王没有什么交往。现在臣想向大王说的又是关系到匡扶国君的大事，这其中还关系到大王您的骨肉亲人。臣十分愿意向大王您进献一片忠心，可还不知道大王您的心思如何，所以才不敢回答您。臣知道，可能今天向您进言，明天就会没了性命，但臣仍然要说出来。死是永远回避不了的，如果臣的死对秦国有利，那就是值得的。臣并不怕自己因此而死，而是怕臣死后，天下贤士再也不敢对大王说真话，不敢再来为秦国效力了。现在您既害怕太后的威严，又被下面的佞臣迷惑，长此下去，您会愈加孤立无援，甚至有成为亡国之君的危险。这就是臣所担忧的事情。如果臣死而秦国得以大治，这是比臣活着更有意义的事了。"

秦昭襄王一听，急忙挺直了身子，说："先生，您不能这样想啊！秦国本就偏僻，今天寡人能和您见面，那是上天安排的缘分啊！是上天为了保存秦国基业，把您赐给了我。从今以后，无论事情大小，上至太后，下到大臣，所有问题希望先生都可以毫无保留地指点寡人，不要再怀疑寡人的真心了。"

听了这话，没有了顾忌的范雎对秦昭襄王行了个大礼，秦昭襄王也连忙还礼。范雎这才开始滔滔不绝地说起来："秦国四面都是坚固的要塞，进可攻退可守，秦国百姓也勇于为了国家对外作战，可以说占据了地利、人和两个有利条件，是建立王业的大好机会。现在如能放手跟各国一搏，就跟老虎去打兔子一样，谁也不能打败秦国。可是您的臣子们都不称职，竟然十五年没有向崤山之东进兵。这是穰侯的私心在作怪，同时也是大王的决策存在失误之处。"

秦昭襄王的胃口被高高地吊了起来，他连忙催促道："寡人真心想知道寡人的失策之处。"

范雎本来想单刀直入，把宣太后一伙人当作目标猛烈开火，但他逐渐发觉，在和秦昭襄王谈话时附近仍然有很多人在偷听。于是，范雎决定转移目标，先谈外事，这样既可以避免直接和宣太后等人发生冲突，又可以试探一下秦昭襄王的态度。

于是，范雎对秦昭襄王说："现在穰侯正打算越过韩国、魏国，向齐国刚、寿两地进军，臣认为，这对秦国一点儿好处都没有。出兵少就不能打败齐国，出兵多反而会损害秦国自己的利益。臣猜想，大王的计策是自己少出兵而让韩国、魏国多出兵。但是这个计策实在违背常理。其实这两个国家对秦国并不友善。况且之前还有过类似的失败例子。大王一定还记得，当年齐湣王向南进攻楚国，大获全胜之后，获得了千里之地，可结果齐国连一寸土地也没能守住。不是齐国不想要楚国的土地，而是因为被地理环境限制住了。齐国劳师远征，大大消耗了国力。各国看到齐国已经疲惫不堪，便知道机会到了，起兵攻打齐国，使齐国几乎被灭国。而齐国远攻楚国的好处，最后全被韩国和魏国得到了。这个教训是何等深刻！所以，臣认为，秦国要真的获得实在的好处，就得坚决执行远交近攻的战略决策。这个决策的好处是，打得一寸地就归秦国一寸，得一尺就归秦国一尺，绝对不会为他人作嫁衣。韩、魏两国位于中原，是天下的中心。秦国如果想称霸天下，必须紧靠中原以控制天下的枢纽，以此威胁赵国、楚国。如果楚国强大则与赵国联合，如果赵国强大则与楚国联手。如果楚、赵两国都愿意跟秦国交好，齐国还有什么力量可以对抗强秦国呢？齐国不敢抗衡秦国，那么韩国和魏国划归到秦国的版图也就不是什么难事了。"

范雎在这里明确提出了"远交近攻"的策略，为秦国日后的发展定下了基调，对中国历史产生了巨大的影响。

秦昭襄王说："寡人早就想亲近魏国了，可是魏国是个变化无常的国家，寡人之前一直无法同它亲近。请问怎么才能亲近魏国呢？"

范雎回答："大王可以先通过谦卑的言辞、送厚礼的方式来拉拢魏国；不行的话，就割让土地来贿赂它；再不行，寻找机会发兵攻打它。"

秦昭襄王一听，也觉得血脉偾张，大叫一声："好！"

之后，秦昭襄王拜范雎为客卿，同他一起谋划军事。范雎就这样走上了秦国的政坛。

秦昭襄王亲政

当范雎成为秦昭襄王的亲信时，魏冉并没有发觉。上次，魏冉发动了阏与之战，被赵奢打得大败。虽然秦国没有遭受什么严重的损失，但魏冉觉得很丢面子，他很想把这个面子挽回来。于是，秦昭襄王三十八年（前269），秦国中更胡伤率军去攻打赵国阏与，结果依然未能攻克。

跟魏冉的做法相反，范雎则完全从秦国的利益出发。

秦昭襄王三十九年（前268），范雎建议秦昭襄王去打魏国。秦昭襄王答应了，派出五大夫王绾，结果一战就成功拿下了怀地。

秦昭襄王四十年（前267），又发生了一件大事。秦国太子本来在魏国做人质，可惜他身体素质太差，死在了魏国，后来被称为秦悼太子。作为人质的太子死了，秦国就更没有顾虑了。

秦昭襄王四十一年（前266），在范雎的建议下，秦昭襄王下令继续扩大对魏战果，成功拿下了魏国的邢丘。

接连的胜利让秦昭襄王很兴奋，他认为范雎确实有王佐之才，因此愈发跟他亲密起来。

范雎看到秦昭襄王对自己越发信任，就把自己的打算对秦昭襄王和盘托出："臣在山东的时候，只听说齐国有孟尝君田文，而不知道有齐王；只听说秦国有太后，有穰侯，而没有听说过大王。本来，一个国家的最高领袖是大王，大王才是国家最高权力的行使者，杀谁奖谁都应该是大王说了算。可是现在的秦国呢？什么事都是太后说了算，根本不顾大王的感受；穰侯也不把大王放在眼里，连出使访问也不向大王通报一声。其他如华阳君、泾阳君、高陵君等也是如此，做什么事从不请示大王。国家有这样的人存在，到处玩弄权谋，最后不灭亡才是怪事。最可怕的是穰侯，连外交大权也从大王手里拿走了。大家都对他怕得要命，他完全可以决断各国事务，到处派出使者，然后征讨各国。这些年来，他打了无数的仗，如果打胜了，就把获得的所有利益都放到自己的封地里；要是打败了，他就说是国家的失误，由国家来为他埋单。大王一定要明白这个道理，任何权臣的封地多了，他就会强大起来，对国家来说这是一种很大的威胁。当年崔杼、淖齿在齐国专权时，崔杼用箭射齐王的大腿，淖齿抽去齐王的筋，把齐王吊在梁上，折磨了整整一夜齐王才死去。李兑在赵国掌权时，把赵武灵王囚禁在沙丘宫里，最后使得一代雄杰活活饿死。现在穰侯等人其实就是淖齿、李兑这样的人。现在朝中不管是大官还是小吏，乃至大王身边服侍的人，无一不是穰侯的死党。大王虽是一国之君，可您每天都是孤立地坐在王位上，什么事也做不了。只怕在您之后，拥有秦国的就不再是您的子孙了。"

在这个长篇论述中，范雎还用了一个形象的比喻，原文是："诗曰'木实繁者披其枝，披其枝者伤其心；大其都者危其国，尊其臣者卑其主'。"

这句话后来被人们用一个四字成语来概括——强干弱枝。

"强干弱枝"与"远交近攻"两者珠联璧合，成为范雎治秦最重要的指导思想，为秦国的强权政治和一统天下打下了坚实的理论基础。

范雎的话让秦昭襄王深感惶恐，为了保卫嬴家的社稷，他下定决心听从范雎的计策，让以母亲宣太后为首的贵族集团"下课"，使王权回到自己的手中。此后，秦昭襄王宣布废除太后临朝的体制，把穰侯、华阳君、泾阳君、高陵君统统驱逐到关外。

宣太后"下课"后没多久，就在郁郁寡欢中去世了。对于宣太后这位母亲，秦昭襄王虽然对她的强势专权有些不满，但还是很尊敬她的，用了大量的兵马俑为她陪葬。

而对于功臣范雎，秦昭襄王自然要大大奖赏一番，不仅封范雎为应侯，而且把相印也交给了他。

范雎复仇

范雎是个牛人，提出了远交近攻、强干弱枝的策略，但他也绝对是个有仇必报的人。

范雎做了秦国丞相之后，秦国人仍称他为张禄，而魏国人对此一无所知，认为范雎早已经死了。正巧，魏国得知秦国有讨伐韩、魏两国的打算，就派须贾出使秦国以探听虚实。范雎知道须贾来了，便隐藏了自己丞相的身份穿上破旧的衣服，然后步行去宾馆见须贾。

须贾见到范雎，惊愕地说道："你是范先生？你还活着啊。"

范雎说："是啊。"

须贾说："你是不是到秦国来游说的？"

范雎说："不是的。当年我在魏国当说客，得罪了魏相魏齐，被魏齐打得差点儿死去，然后流落到秦国来，哪敢再进行游说呢？"

须贾说："那你这几年都在做什么？"

范雎说："现在给人家当仆人。"

须贾叹了口气，留范雎一起用饭，面露不忍："唉，没想到范先生贫寒至此啊！"说完还取出了自己的一件粗丝外袍送给了他。

范雎穿好衣服，须贾说："现在秦国新任的丞相张禄，你听说过吗？我很想见到他，可是没有什么人引荐。你有熟悉他的朋友吗？"

范雎说："我的主人跟他很熟悉，就是我也可以把您引到他那里。"

须贾一听大喜，想不到居然这么顺利，但又犯了贵族脾气："我的马现在病了，车轴也断了。你也知道我的脾气，没有四匹马拉的车，我是绝对不出门的。"

范雎仍然笑着说：“这个问题我可以帮您解决。”

范雎告辞后，不一会儿就带着四匹马拉的车回来了。随后，他又亲自驾车把须贾送到了丞相府。当范雎的车开过来时，大家一看是丞相大人亲自赶车，都纷纷让道，主动回避。

须贾见到这个场景感到很奇怪。等到了丞相府门口，范雎恭敬地对须贾说：“我先进去帮您通报一下。”说完，直接进了丞相府。须贾一直在门口等着，哪知，他等了大半天，也不见范雎出来，忍不住过去问门卫：“刚才范雎进去很长时间了，怎么还不出来？”

门卫说：“我们这里没有什么范雎啊。”

须贾说：“就是刚才进去的那位。”

门卫说：“他就是我们秦国的丞相张禄。”

须贾一听，立马知道现在的范雎真的不是以前的范雎了。须贾更知道，范雎虽然是天纵奇才，但并不是一个心胸宽广的人。他故意装穷来试探自己，就是侮辱自己的开始。

须贾是官场老鸟，自知被诓骗进来，赶紧脱掉上衣，赤裸上身双膝跪地而行，托门卫向范雎认罪。范雎等的就是这个，他听到门卫的报告之后，立刻升帐，把相府里所有人都叫来，做好排场，然后叫须贾进来。须贾进来之后，也不等范雎开口，就连叩响头口称死罪。

范雎问他：“你的罪状有多少？”

须贾答：“就是拔下我全身的毛发来数我的罪行，也数不过来啊。”

范雎说：“你的罪状有三条。从前楚昭王时申包胥为楚国谋划打退了吴国军队，楚昭王把楚地的五千户封给他做食邑，申包胥推辞不肯接受，因为他的祖宗安葬在楚国，打退吴军也可保住他的祖坟。现在我的祖坟在魏国，可是你之前认为我对魏国有二心，暗通齐国，在魏齐面前说我的坏话，这是你的第一条罪状。当魏齐把我扔到厕所里肆意侮辱我时，你不加以制止，这是第二条罪状。更有甚者，你喝醉之后往我身上撒尿，这是第三条罪状。按这些罪行，我就是杀你一万次也不为过，但我一次也不杀你。因为今天你送了我一件新衣服，让我觉得你还有点老朋友的依恋之情，所以我决定放了你。"

结束会见。须贾穿好衣服，回到驿站。

范雎再去见秦昭襄王，把魏国使者来了的事向秦昭襄王汇报，然后把自己跟魏齐、须贾的纠葛告诉了秦昭襄王。秦昭襄王一听，立刻决定，不见魏国来使，并且责令须贾即刻回国。

须贾向范雎辞行，范雎大摆宴席，请各国使者前来赴宴。不过，范雎并不打算放过须贾。他请其他使者与他同坐堂上，还为他们摆上了美酒佳肴。须贾的座位被安排在了堂下，在须贾面前摆的全是以草豆为主的家畜饲料。而且不是须贾一个人坐在堂下，还有两个人陪着他，这两个人都是刚从牢房里带出来的犯人。两个犯人用手抓着那些饲料，放进须贾的嘴巴里，像喂马一样。

好不容易等到宴会结束，须贾苦着脸等着范雎发落。范雎也不再玩什么花招了，只是当着所有使者的面大声对他说："回去向魏王传达我的话，赶快把魏齐的头送来；否则，我立刻发兵，屠平大梁。"

须贾一路狂奔回到魏国，马上找到魏齐，把范雎的话一字不漏地转告给了魏齐。魏齐听了须贾的遭遇，又琢磨了一下范雎的话，觉得自己在劫难逃，就丢下魏国的相印，跑到赵国投靠平原君了。

秦昭襄王的回报

虽然报仇的事暂时不那么顺利，但范雎并没有因私废公。秦昭襄王四十二年（前265），秦昭襄王运用范雎的计谋，向东进攻韩国，拿下了少曲和高平。秦国此时不但国力强盛，还迎来了有史以来最为有利的国际大环境。

秦昭襄王当然很高兴，他觉得范雎真有水平，为秦国立了这么多功劳，他也该为范雎报仇了。秦昭襄王知道，范雎这辈子最恨的人就是魏齐。他打听到现在魏齐正躲在赵国的平原君那里，便想替范雎报仇。[①]

秦昭襄王派人去见平原君，说自己仰慕平原君的风采，很想跟平原君做十日之谈。平原君本来就畏惧秦国，看了信又单纯地认为秦昭襄王真的想跟自己交好，就赶到了咸阳。

秦昭襄王陪着平原君宴饮了几天，便对平原君说："从前周文王得到吕尚，尊他为太公，齐桓公得到管仲，尊他为仲父，如今范先生也是寡人的叔父啊。范先生的仇人住在您家里，希望您派人把他的脑袋取来，不然，寡人就不让您出函谷关了。"

平原君说："显贵了还要交低贱的朋友，是为了不忘低贱时的情谊；富贵了还要交贫困的朋友，是为了不忘贫困时的友情。魏齐是臣的朋友，即使他在臣家，臣也绝不会把他交出来，何况现在他根本不在臣家呢。"

秦昭襄王当然不会信这种话，他扣押了平原君，派人给赵孝成王送了一封信，大致内容如下：大王的叔叔在秦国，而范先生的仇人魏齐就在平原君家里。大王赶快派人拿他的脑袋来；不然的话，寡人要发兵攻打赵国，

---

① 一说，秦昭襄王替范雎报仇是在长平战后的秦昭襄王四十八年（前259年）。

而且不放平原君出函谷关。

赵孝成王看了信，马上派士兵包围了平原君的家宅。危急中，魏齐连夜逃出了平原君家，见到了赵相虞卿。虞卿估计赵孝成王不可能被说服，就解下自己的相印，跟魏齐一起逃出了赵国。两人抄小路奔逃，想来想去几个诸侯国都没有能急人之难可以投靠的人，就又奔回大梁，打算通过信陵君逃到楚国去。

信陵君听说之后，表现得很犹豫，就问大家："虞卿是个什么样的人啊？"当时侯嬴在旁边，回答说："人固然很难被别人了解，可了解别人也不是件容易的事。虞卿脚踏草鞋，肩搭雨伞，远行到赵国。第一次见赵王，赵王赐给他白璧一对，黄金百两；第二次见赵王，赵王任命他为上卿；第三次见赵王，赵王就任他为相，并封他为万户侯。当前，天下人都争着了解虞卿的为人。魏齐走投无路时投奔了虞卿，虞卿根本不把自己的高官厚禄看在眼里，解下相印，抛弃万户侯的爵位与魏齐一起逃走。他能把别人的困难当作自己的困难，您还问'这个人怎么样'？"

信陵君听了这番话，深感惭愧，赶快驱车到郊外去迎接他们。可是魏齐听到的是当初信陵君不肯接见他的消息，便一怒之下自杀了。

赵孝成王得知魏齐自杀身亡，赶紧取了他的脑袋送到秦国。看到大仇已报，秦昭襄王这才放平原君回去。

触龙说赵太后

就在魏齐逃往平原君处的同年，赵惠文王去世。他的儿子赵孝成王继位，秦昭襄王和范雎当然不会错过这个好机会，他们派兵进攻赵国，夺取了三座城池。赵孝成王年幼，他的母亲惠文后（她在历史上更有名的称呼是"赵太后"）主持朝政。面对秦国的下马威，这位赵太后惊慌失措，知道凭着赵国现在的力量，是挡不住秦国的进攻的。思考一番后，她决定向齐国求救。

齐国很快传来了回信，同意出兵，但是有个条件，要求赵国把长安君旁送到齐国当人质。战国时代，为了取信于对方，派人为质也是通行法则。让长安君去当人质，对于很多人来说很正常。可对于赵太后来说，就难以接受了。因为长安君是她的小儿子，赵太后平常很疼他。当时很多大臣都劝赵太后以大局为重，要是舍不得小儿子，可能赵国也会跟着完蛋，但赵太后一概不听。她看到大家仍然坚持不懈地劝说，就大声说："谁要是敢再提让长安君去做人质的事，我就把口水吐到他的脸上。"

大家只好都闭嘴了，但左师触龙还是挺身而出。他要求去见赵太后。

赵太后一听，知道触龙是来做说客的，就怒气冲冲地等着他。

触龙慢吞吞地走过来坐下，道歉说："老臣现在的腿脚有些毛病，很长时间没有来看望太后了。不过，老臣一直担心太后的身体有什么不适，所以还是想过来看看太后。"

赵太后说："我现在去哪里都要靠车了。"

触龙又问："您吃得还好吧？"

赵太后说："我基本只喝粥了。"

赵太后发现触龙的话题没有涉及长安君，这才放松下来。

触龙说："老臣的小儿子舒祺最不成器。而老臣因为年老，私下最喜欢他。老臣想让他当上王宫的侍卫，想请太后您帮这个忙。"

赵太后说："可以，他现在多大了？"

触龙回答："十五岁了。虽然还年轻，但老臣还是想趁自己死去之前，解决他日后的生存问题。"

赵太后说："原来男人也是疼爱小儿子的呀？"

触龙说："在这方面，我们男人比女人还要厉害。"

赵太后笑着说："还是女人更厉害一些。"

触龙说："老臣觉得您爱女儿燕后要远远胜过爱儿子长安君。"

太后说："你错了。我对燕后的爱哪比得了长安君。"

触龙说："父母疼爱孩子，一定会为他们做长远考虑。您把燕后嫁到燕国去，您难道不是天天为她祝愿，祝愿她的儿子日后成为燕王吗？这难道不是为她做长远考虑吗？"

赵太后点点头，说："是这样的。"

触龙说："从现在算起三代以前，赵王的子孙被封侯的，现在还有没有继承人在位呢？"

赵太后想了想，说："没有了。"

触龙说："他们没有继承人在位，并不是因为他们的子孙都不成才，或者都犯有什么杀头的大错，而是因为他们享受着王侯的待遇，却没有一点儿功劳，别人能服他们吗？现在您为了提高长安君的地位，天天给他良田，让他享受最好的待遇，却没有想到让他去为国家立功。一旦有一天您不在世上了，长安君凭什么在赵国立足呢？"

赵太后一听，这才恍然大悟，对触龙说："好。现在长安君就随你安排吧。"于是，触龙立刻备齐一百乘车，安排长安君到齐国做人质。齐国看到赵国答应了他们的要求，便派田单率军援助赵国。

秦国本来也只是想趁着赵国换届的机会占点便宜，而且现在已经占领了三城，看到齐国派兵前来与赵国联手抵抗，自然不愿继续下去，便直接宣布退兵。

黄歇归楚

接连挫败魏、赵两国之后，秦国又把目光投向了韩国。秦昭襄王四十三年（前264），白起出兵攻打韩国，连续攻克九城，斩首五万。一年后，他又起兵攻韩，拿下南阳，接着攻打太行山道，封锁了其向外的通道。

三晋受挫，楚国的日子也不好过。虽然没有遇到战事，但楚顷襄王病重了。这时，楚国的太子还在秦国当人质。

黄歇了解到现在楚顷襄王病情严重，要是太子回不去，其他公子就有可能抢了楚王的位子，就去找范雎。他对范雎说："根据我得到的消息，现在楚王的病已经很严重了。秦国不如把楚太子放回去。如果太子能够成功继位，一定会更加谨慎地侍奉秦国，对秦国感恩戴德。秦国这样做既可以与邻国交好，又可以为自己争取到一个实力不俗的帮手。如果秦国不放太子回去，他就只是咸阳城里的一个普通百姓而已。到时候别的公子成了楚王，肯定不会跟秦国交好。这对秦国会有什么好处吗？"

范雎一听，觉得很有道理，就去找秦昭襄王，把黄歇的话告诉了秦昭襄王。秦昭襄王却有异议，他怕黄歇故意和楚顷襄王一起骗他，为的是把作为人质的楚国太子带回去，就对范雎说："先派太子的老师回去看看楚王，等他回来之后再做商议吧。"

黄歇一听，就知道秦昭襄王是想要挟楚国，从太子身上榨取更多的利益。他对太子说："秦国现在想把您留在这里，以此要挟楚国换取利益。现在以您的能力，恐怕难以满足秦国的要求。而阳文君的两个公子都在楚国，一旦楚王去世，阳文君的儿子就会成为新君。所以，太子您不如先跟使者偷偷逃回去。臣一个人留在这里，以死来对付秦王。"

太子同意了黄歇的计划。到了晚上，太子化装成楚国使者的车夫，混出了关外。黄歇继续守在馆舍中，逢人就说太子生病了，谢绝任何人的来访。过了一段时间，黄歇估计太子已经走远了，才主动去找秦昭襄王，说："楚国太子已经离开秦国，黄歇前来领死。"

秦昭襄王一听，勃然大怒，想立马杀了黄歇。范雎却劝秦昭襄王："黄歇作为臣下，敢于献身来救他的主子，忠心可嘉。如果楚国太子继位，一定会重用黄歇。我们不如把黄歇放回去，从此跟楚国交好。"

秦昭襄王一听，觉得很有道理，就把黄歇放回了楚国。

黄歇回到楚国三个月后，楚顷襄王就去世了。从秦国逃回来的太子顺利继位，就是楚考烈王。楚考烈王果然很重视黄歇，任命他为相国，还封他为春申君，以淮北之地作为他的封地。

第三章

秦赵长平、邯郸之战

秦国攻取上党

秦昭襄王四十五年（前262，楚考烈王元年），楚考烈王因为刚刚继位，怕秦国趁火打劫，决定把州陵献给秦国，以求和平。秦国接受了楚国递过来的橄榄枝，两国暂时维持了和平的局面。

秦国和楚国交好之后，便把目光移到了韩国身上。同年，白起率军进攻韩国，拿下了野王，使上党成了韩国的飞地。这就为后来那场著名的大战埋下了伏笔。

秦国本来对赵国还有所忌惮，想等国力进一步增强了，再对赵国动手。哪知上党一役，竟加快了这个历史进程。

当时上党的郡守叫冯亭。他看到秦国断绝了上党通向韩国都城新郑的道路后，就知道上党马上就要守不住了。但是，他又不想向秦国投降，就对百姓们说："现在咱们通往首都新郑的道路已经被秦军封锁了。秦军每日都在向前推进，韩国的救兵无法及时救援，咱们不如把上党交给赵国。如果赵国接受了上党，秦国一定会很生气，就会去攻打赵国。赵国面对秦国，肯定会和咱们韩国亲善。这样韩、赵两国联合起来，就完全可以应对秦国了。"

于是，冯亭立刻派出使者去见赵孝成王。使者对赵孝成王说："现在韩国已经守不住上党了，上党很快就要归入秦国的版图，可是上党的官员和百姓都心向赵国，不愿意做秦国的臣民。现在上党共有大城十七座，我们愿意全部献给赵王。"

赵孝成王一听，虽然觉得很好，可是又想到这事儿跟秦国有关，就告诉了平阳君赵豹，想听听他的意见。赵豹只说了一句话："圣人认为，接受无缘无故的利益不是什么好兆头。"

赵孝成王一听，有点不理解，又追问："别人是因为仰慕寡人的恩德才这么做，怎么能说是无缘无故的呢？"

赵豹说："秦国花了大量精力截断了上党的交通，其目的就是逼上党向他们投降。现在韩国人不想让上党成为秦国的领土，而把上党献给赵国，就是要嫁祸于赵国。秦国费了这么大的力气，结果上党却归了赵国，这难道还不是无缘无故吗？臣以为我们不应该接受上党。"

虽然赵豹劝说赵孝成王的理由很充分，但是赵孝成王对上党还是不死心。于是，他又去问平原君，平原君则劝赵孝成王接受上党。

最后，赵孝成王做出了决断，派平原君前去接收上党，封原上党太守冯亭为华阳君，赐给他三个拥有万户百姓的城市做封地；又封县令为侯，赐给三个拥有千户百姓的城市做封地；官吏和百姓都晋爵三级。

哪知，冯亭却不愿跟平原君相见，哭着说："我实在不忍心出卖了君主的土地，然后还去享受荣华富贵。"平原君对于冯亭的表态并没有疑虑，开心地收下了上党。

秦国一看上党军民降赵，迅速做出了反应，派左庶长王龁攻打上党。

没过多久，上党就被顺利攻克了。上党的百姓纷纷逃往赵国。赵孝成王得知上党被秦军攻克的消息，急忙派廉颇率军驻守长平，接应从上党逃过来的百姓。

一场震古烁今的经典大战就要揭开大幕了！

赵孝成王的决策

王龁攻占上党后，继续向赵国本土进军，进攻长平。赵国也不甘示弱，派军抵抗。结果，几场战斗下来，王龁大败赵军，斩杀赵军一员副将和四名都尉。之后，赵军高挂免战牌。双方进入相持阶段。

赵孝成王很郁闷，一个小小的上党竟然把战火引到赵国境内来了，偏偏赵军又连输了几场。怎么办才好呢？于是，他派人请来楼昌和虞卿一起商议对策。楼昌给出的建议是，派出地位高的使节到秦国求和。虞卿不同意这种做法，他对赵孝成王说："现在的关键问题是，事情的主动权完全掌握在秦国手里。根据秦国的做法，他们已经下定决心要和赵军死磕。咱们现在去求和，秦国也不会同意。此时，咱们应该派出使者用奇珍异宝拉拢楚国和魏国。一旦楚国、魏国接受了咱们的馈赠，秦国就会疑心各国重新结成联盟一起抗秦。那时咱们再向秦国求和，才有可能获得成功。"

对比一下这两种说法，我们就能知道，虞卿的想法比楼昌的要完备很多，也很符合秦国一向的做事风格。遗憾的是，赵孝成王现在已经被秦国打怕了，不愿意冒这个风险，所以决定不听虞卿的意见，派郑朱去秦国求和。

秦国本来看到赵国坚守不出，正急得没办法，这时看到郑朱代表赵王来主动求和，不由大喜，热情地接待了郑朱。赵孝成王听说秦国接待了郑朱，也是大喜过望，赶紧把虞卿叫来，有些显摆地对他说："秦国已经热情地接待郑朱了。"

对此，虞卿毫不客气地予以反驳："在您见到和谈成功前，赵军肯定已经被击败了。各国现在都派使者到秦国祝贺胜利。郑朱是赵国地位很高的人，等秦王见到各国使节后，肯定会大肆宣扬郑朱来秦国主动求和的事情。各国看到您已经主动派人求和，就绝不会再出兵救援赵国。秦国知道赵国孤立无援后，更加不会接受赵国的求和了。"

事态果然照着虞卿的设想发展，秦昭襄王和范雎不仅天天高调地宴请郑朱，而且还让人放话，说赵国主动来找秦国求和，双方正在友好协商中。

楚、魏、韩这些长期被秦国打压的国家，本来看到赵国被围攻，害怕赵国被秦国打垮，秦国的力量会变得更加强大，因此也都做好准备，打算等赵国挺不下去的时候帮赵国一把。现在看到赵国居然主动示弱，看样子是不打算跟秦国硬拼了，便也放弃了帮助赵国的想法。

范雎知道自己的计谋大获成功，立刻对郑朱翻脸。既然议和不成，那就只能打了。

范雎的反间计

求和不成，反而让赵国失去了争取外援的机会，这让赵孝成王怒火中烧。加上赵孝成王本来就对赵军在长平的多次战败颇有怨言，看到廉颇坚守不出，还以为他是因为损兵折将而变得胆怯，不敢迎敌，于是气愤地多次斥责他。

范雎得到这个情报之后，赶紧派人去赵国施行反间计。他让人们散布谣言说："其实秦国真正怕的是马服君赵奢的儿子赵括，廉颇特别好对付，而且他也快投降了。"为什么范雎要提出用赵括来换廉颇呢？因为据范雎的了解，赵括从小学习兵法时，就十分自大，认为自己天下无人可比。他曾与父亲赵奢谈论兵法，就连赵奢也辩不过他。但是，赵奢并不认为儿子有当大将的才能，因为带兵打仗是出生入死的事情，而赵括谈起来时却很随便，一点儿也不严肃。赵奢还预言，说赵国如果用赵括为大将的话，一定会全军覆没。

　　年轻的赵孝成王听到这个谣言后信以为真，就下令让赵括代替廉颇的职位。这时，有两个人站出来提出了反对意见。

　　第一个是蔺相如。他劝赵孝成王说："大王，您现在因为赵括有名气就重用他，这其实是粘住调弦的琴柱再弹琴。其实赵括只知道死读他父亲的兵书，一点儿也不知道兵势的变化之道。"赵孝成王根本听不进去。

　　第二个是赵括的母亲。赵括的母亲看到赵括准备出征，急忙向赵孝成王上书，说赵括不能重用。赵孝成王一听，赶紧问赵括母亲为什么要这么说。

　　赵括母亲说："以前赵奢当将军的时候，妾身看到他一到开饭时间就去跟士兵们一起吃饭，士兵当中成为他朋友的有好几百人。大王给他的赏赐，他全都拿来分给手下的将士们。从接受任命开始，他就不再管家事了，一心扑到军营里。可是赵括才刚做了大将，就向东高坐，摆出大将的架子，大小军官都不敢抬头看他。大王赏给他的东西，他全部拿回家里藏起来，每天都在忙于查看有什么良田可以买下来。这样的人能当大将吗？大王您以为他会像他的父亲一样，但其实他们的用心程度完全不同。请大王不要派他出征。"

知子莫如母，赵括母亲的话还是很有参考价值的。可惜，赵孝成王没有意识到这一点，他自信地说："您放心吧，寡人已经决定了。"赵括母亲很无奈，只好说："万一赵括出了什么差错，妾身请求不要连累赵家。"赵孝成王答应了赵括母亲的请求。

秦昭襄王听说赵国任命赵括为大将后，暗中任命白起为上将军，改任王龁为副将，同时禁止泄露白起到军中的消息。秦昭襄王为什么要这样做呢？因为赵括虽然自大，但对于白起还是十分忌惮的。如果秦昭襄王大张旗鼓地派白起到两军阵前，赵括肯定会有所防范。秦昭襄王打算打赵括一个措手不及。

就这样，既不知己也不知彼的赵括来到了长平前线，从廉颇手里接过兵符，开始了他的大将生涯。

白起决胜长平

赵括上任后的第一件事，就是把廉颇原来制定的战略方针全部废除，之后又积极调换军官，并下令出兵攻击秦军。白起是个老手，对赵括的这些动作掌握得一清二楚。他知道赵括目前的心态非常轻狂，便打算让其继续轻狂下去，最终达到骄兵必败的结果。于是，白起一面下令秦军假装失败后退，一面预留两支部队埋伏下来，等赵军冲杀过来之后再伺机截击赵军。赵括看到秦军连连后退，认为时机已到，便下令乘胜追击，直达秦军的营垒，希望能通过"闪击战"迅速拿下秦营。

白起看到赵军追来，便下令秦军坚守。赵括猛攻了几次，都宣告失败。

正在赵括猛攻秦军军营之时，秦军的一支二万五千人的部队突然出现在赵军背后，切断了赵军的后路，另一支五千人的骑兵则截断了赵军返回营垒的通道。赵军被一分为二，粮道断绝，军心也随之不稳。

看准时机后，白起下令精锐轻骑前去袭击，赵军迎战失利，无奈之下，只能就地建筑营垒等待救兵。秦昭襄王听说赵军运粮通道已经被切断，知道决定胜负的关键时刻已经到来，便亲自到河内征发十五岁以上的男子，把他们全部调往长平，阻止赵国派救兵、运粮草到前线。

赵孝成王这才知道秦国的厉害，他赶紧派人去向齐国和楚国求救。但是受到之前赵国的求和行为的影响，两国对于救援赵国这件事并没有太上心，只是各派了一支军队前来救援。

这时，赵括的营中已经开始缺粮了，他赶紧向齐国请求救济，但是齐王建并不打算帮这个忙。周子劝齐王建说："赵国对于齐国和楚国来说算是一道屏障，就像牙齿外面的嘴唇，唇亡则齿寒。若赵国灭亡了，齐国和楚国也就危险了，所以救援赵国这件事刻不容缓。何况救援赵国可以给齐国留下一个好名声，抵抗秦军也正好可以显示您的威名。这种既可以获得名声，又可以展示实力的事，您一定要赶紧做才好。"

可惜，齐王建没有听周子的话。就这样，赵军的希望越来越渺茫了。到了九月，赵军已经断粮绝食达四十六天。士兵们没有办法，为了活命，只能互相残杀。

面对这种情况，赵括愈发着急起来，便下令进攻秦军营垒。他把军队分成四支，轮番向秦军的营垒进攻，但仍然无法突出重围。最后，赵括打算殊死一搏，亲自率领精兵上前肉搏，结果被秦军射死。赵括死后，赵军立刻全线崩溃，陷入极大的恐慌之中，四十几万士兵全部投降。

此时，白起做出了一个大胆的决定。正是这个决定，让他在后来的历史中留下了令人震惊的一笔。白起说："当初秦军已经攻克上党，上党百姓却不愿归顺秦国，而是去投奔赵国。赵国士兵反复无常，如果不全部杀死，等他们恢复过来，恐怕会发生祸乱。"

基于这个理由，白起决定把赵国降兵全部活埋，只放二百四十个年纪小的回到赵国。据统计，前后共有四十五万人被白起杀死。知道这个数字后，各国都震惊了。

长平之战就以这样惨烈的结局收场了。据史料记载，它是中国历史上第一次最大规模的歼灭战，双方以举国之力投入其中，前线参战人员共达一百万人。最后，赵国的四十五万大军被坑杀，秦军也损失了将近一半人。光从这个统计来看，此战的激烈程度也是十分令人震撼的。

经此一役，赵国一蹶不振，再也无力与秦国抗衡了，其他国家对秦国更加忌惮了。而秦国的实力也达到了新的高度。

三晋的报复

长平之战结束，秦国举国兴奋，其中最兴奋的要算白起了。

秦昭襄王四十八年（前259）十月，白起把秦国主力一分为三：王龁带一部攻打赵国的武安、皮牢，随后这两个地方被王龁毫不费力地拿下；司马梗带一部向北平定太原，把上党的全部土地都划归秦国的版图；白起则准备带着主力部队直指邯郸，乘胜灭亡赵国。

按照常理，秦昭襄王肯定会全力支持白起的决策，然而，其间还是出现了意外。

赵孝成王经长平一役，痛定思痛，做了深刻的反省，明白自己重用赵括、撤换廉颇是中了范雎的反间计。现在赵国深陷危机，他便也打算向范雎学习，也去秦国搞个反间计。

范雎的反间计的目标是廉颇，而赵国这次反间计的目标是白起。赵国的反间计也同样简单，而且做得明明白白，没有一点掩藏。

当然，这个反间计不是由赵国直接出手，而是由韩、魏两国进行的。韩、魏两国在长平之战时，都没有出大力，只是躲在旁边看赵国的笑话。现在看到赵国有亡国的危险了，突然察觉到自己也陷入危险了，这才知道着急。他们急忙与赵国修好，商量如何面对白起军队的到来。

最后，他们决定从范雎下手，毕竟范雎现在是秦王手下的头号智囊，说话颇具分量。如果能说服他，阻挡白起进攻的脚步就有希望。于是，韩、魏两国派苏代带着大量的金钱赶到咸阳去游说范雎。

苏代问："白起是不是要围困邯郸？"

范雎说："是啊。"

苏代说："赵国灭亡，秦王就可以称王天下了。到时论功行赏，武安君白起居功第一，一定会列入三公高位。您能甘心成为白起的手下吗？您即使不愿意，也由不得大人您了。秦国曾经进攻韩国，围攻邢丘和上党，上党的百姓没有留下，反而跑去投奔赵国。这说明天下人都不愿意做秦国的臣民。现在灭掉赵国，那么赵国北部的人都会逃到燕国，东部的人都会奔往齐国，南部的人都会流入韩国和魏国。到那时，秦国能控制的百姓还有多少呢？还不如趁势拿走赵国的一些土地，就此罢手，不让白起独享大功。"

范雎琢磨了一下，觉得苏代的分析很正确，再加上拿人手短，便马上跑去见秦昭襄王,对他说:"现在秦军刚刚打完长平之战,已经疲惫不堪,不如接受韩国、赵国的割地请求,让将士们休整一段时间。"

秦昭襄王听从了范雎的劝告,同意接受韩国的垣雍及赵国的六座城来讲和。秦昭襄王四十九年(前258)正月,双方正式停战罢兵。白起接到命令之后,知道是范雎从中作梗,心里很生气。白起和范雎的矛盾开始出现。

一统天下初露端倪

合议已成,赵孝成王决定派赵郝出使秦国,协商割让六座城的事宜。

虞卿听后,就问赵孝成王:"秦国攻打赵国,是因为疲倦了自行退走,还是因为其本来还有力量,只是给您面子才不再进兵呢?"赵孝成王想了想,说:"秦国这次大战,已经算是全国动员,不遗余力了。现在退回去,应当是疲倦了才撤退的。"

虞卿说:"秦国拼尽全力进攻赵国,它的本意就是要占领赵国的土地,现在一直打得疲倦了才退回去。大王却主动送给它土地,实际上等于帮助秦国来进攻自己。等明年秦国恢复了元气再来攻打赵国,大王您就没救了。"

一席话让赵孝成王举棋不定。正在这时,楼缓来到了赵国。楼缓是赵武灵王的亲信,后来奉赵武灵王之命进入秦国,担任过秦相。可李兑等人的小心眼儿让这位卧底彻底成了敌人。赵孝成王对楼缓很敬重,看他来了,就征求他的意见。

楼缓一听,说道:"虞卿的话听起来很有道理,但其实他只知其一不知其二。秦、赵两国打仗，各国看到都很高兴，然后都想从中得到利益。他们当然不敢从秦国那里讨要利益，因此都会向赵国伸手。如果赵国主动把土地送给秦国，一方面可以让秦国安心；另一方面可以让各国看到，原来赵国跟秦国已经和好。这样，他们就不敢再打赵国的主意了。否则，他们都会趁着现在赵国元气大伤，集体前来瓜分赵国。到那时，赵国就离亡国不远了。更何况秦国还在旁边虎视眈眈。"

虞卿听说楼缓的看法后，急忙跑去找赵孝成王："楼缓的计策对赵国来说实在是太危险了。这样做更会使其他国家猜疑赵国，而且根本没有办法阻止秦国的贪心。这样做是把赵国的弱点暴露在全天下人的面前啊！当然，臣的建议是不割地给秦国，并非主张绝对不能对外割地。现在秦国向您索要六座城，大王您可以拿这六座城去贿赂齐国。齐国本来就是秦国的死对头，听说有这样的好处，齐王肯定会出兵帮助咱们。大王虽然割地给齐国，但可以从秦国那里得到补偿，而且还可以向天下展示赵国尚有所作为。到了那时，秦国肯定会主动跟赵国修好，您再答应秦国的讲和要求。韩国和魏国知道后，也一定会对赵国刮目相看。最后，大王可以通过这一个举动与三国达成友好战略，和秦国的交涉也就握有主动权了。"

赵孝成王细想了一下，觉得虞卿的话很有道理，就派虞卿出使齐国。虞卿尚未回国，秦国就已经派使者到赵国和谈。楼缓见此情形，只好逃离赵国。事后，赵孝成王封给了虞卿一座城。

其实，当时不止赵孝成王一个人会做蠢事。魏安釐王也是其中的一个。正是因为当时有这些常做蠢事的人在位，秦国才得以迅速扩大版图，为日后的统一天下奠定了坚实的基础。

秦国攻打赵国之初，魏安釐王曾把群臣召集起来，讨论对策。大多数人都认为，秦国攻打赵国，对魏国只有好处，没有坏处。只有孔斌持反对意见。

孔斌是孔子的六世孙。当初，魏安釐王听说孔斌有贤名，便派使者携带重礼，聘请他为相。孔斌说："如果大王能够采纳我的计策，可以为大王安邦治世，即使让我吃平常的饭食，我也愿意。如果只是让我穿上一身贵服，供以丰厚俸禄，那我就只是一个普通百姓，魏王哪里会缺少一个百姓呢？"使者再三延请，孔斌才前往魏国。魏安釐王亲自出城迎接，拜他为相。

孔斌上任后，便撤换了一批受国君宠爱的官员，代之以贤才；剥夺在其位不谋其政者的俸禄，转赐给有功之臣。慢慢地，魏国的官场风气逐渐变好，百姓也对孔斌夸赞有加。可惜，孔斌在魏国任相仅仅九个月，提出的重大建议经常不被魏安釐王采用。这次也一样。

有人说："如果秦国胜了赵国，咱们就可以顺势向秦国服软；如果秦国打了败仗，咱们就可以乘机攻击秦国。"

孔斌冷冷一笑，反驳说："这种看法是不对的。秦国自从孝公以来几乎没打过败仗，何况现在他们有白起，怎么可能让咱们有机可乘？"

那些人仍然嘴硬，大声说："即使秦国打败了赵国，对咱们魏国来说也没有什么坏处。赵国之祸正是我国之福啊！"

孔斌反驳说："秦国一向贪婪暴虐，要是打败了赵国，接下来就会把矛头转向其他国家。我担心那时魏国要首先面临秦国的攻击了。古人说过，燕雀筑窝在屋檐下，母鸟哺育小鸟，叽叽喳喳的，都很快乐，自己以为很安适。灶上烟筒忽然蹿起火苗，高大的房屋即将被焚，而燕雀面不改色，不知道灾祸就要殃及自己。赵国一旦灭亡，灾难就会降临到魏国，难道人能和屋檐下的燕雀一样吗？"

但很可惜，魏安釐王和平常一样，没有听从孔斌的建议，决定隔岸观火，站在一旁看赵国的笑话。

此后不久，孔斌辞职回乡。他还做了一个精准的预测。他说："大势已不可挽回。现在崤山以东各国都萎靡不振，韩、赵、魏三国争相割地以求偷安，二周折腰归顺秦国，燕国、齐国、楚国也屈服于秦国了。可见，不出二十年，天下都将归秦国所有了！"

孔斌果然是聪明人，他预测的不错，天下马上就要掌握在秦国的手里了。

秦赵狼烟再起

经过虞卿的劝说，赵孝成王终于聪明了一回，与齐、楚两国结成联盟抵抗秦国，这对秦国来说可是大大的不利。于是，秦昭襄王四十八年（前259）十月（一说九月），秦昭襄王派王陵率领二十万人进攻邯郸。这时，赵国能够打仗的士兵已经不多。秦昭襄王认为以秦国现有的力量完全可以拿下整个赵国。哪知，现实却狠狠泼了他一盆冷水。

赵孝成王痛定思痛之后，发现还得重用廉颇，就把赵国仅有的十万大军全部交给了他。廉颇不负众望，把王陵挡在了邯郸城外，让秦军损兵折将。加上有平原君的帮助，赵军的士气一下子提升了不少，一扫之前的颓势，接连打了好几场胜仗。

秦昭襄王原本以为，没几天就会捷报频传，哪知等来等去，传来的只有进攻失利的消息。为了拿下邯郸，秦昭襄王决定再派十万人到前线去。

但秦军仍然不胜，而且败得更惨，一交战就损失了五校（古代的一校等于八千人，"五校"对于秦军来说算是不小的损失了）。

秦昭襄王觉得这次失败的主要原因是带兵大将的水平不行，所以他决定换掉王陵，改让白起去前线当大将。哪知，秦昭襄王得到的白起的答复是：现在不能打邯郸。

白起说："赵国看起来元气大伤了，其实他们全体军民同仇敌忾，士气正旺，而且赵国的援军不久也会到达。秦国虽然在长平之战中获胜，但军队伤亡过半，国内也已经空虚。现在长途跋涉去打赵国的都城邯郸，想要快速拿下非常困难。如果一时攻不下，就会形成'赵抗于内，诸侯围于外'的不利局面。在这种内外交困的情况下，秦军必然大败。"

秦昭襄王很生气，强迫白起挂帅出征。白起称自己病重，不能出征。后来，范雎也来劝白起出战，但白起始终以病为由坚决推辞。秦昭襄王看到白起态度坚决，只得让长平之战中白起的副将王龁代替王陵。

王龁带着秦军向邯郸疯狂进攻，结果比王陵败得更惨，军队损失近半后仍然攻不下邯郸。秦昭襄王这时仍然认为，是指挥官能力不够才败的，如果白起能去，最后自然会胜利。

在僵持中，范雎向秦昭襄王推荐了一个人。这个人就是范雎的恩人郑安平。范雎推荐郑安平当将军，主要是为了报答他对自己的救命之恩。秦昭襄王也没多考虑，就给郑安平发了任命书，让他带着五万人的军队以及大量的粮草去支援王龁。

平原君向楚国求援

此时，邯郸城内不管是粮草还是兵源都已经非常紧缺，而城外的秦军却越来越多。面对这种情况，赵国决定向楚国和魏国求援。

赵孝成王对这次求援十分重视，派出了赵国的重量级人物——平原君。平原君在出发前，觉得以自己一人之智未必能说动楚国，决定从门客当中选出二十人随行。平原君按条件选了半天，最后符合条件的只有十九人。

正在他为难的时候，有个叫毛遂的人站出来自荐。平原君对毛遂说："贤良人才为人处世，好比锥子在口袋中，锥尖立即能露出来。如今先生来到我门下已经三年，我左右的人没有谁称赞过您，我也未听说过您有何作为，说明先生没有什么过人的长处，先生还是留下吧！"

毛遂仍然要求同去，并反驳道："在下不过今天才请您把在下放到口袋里而已！如果您早把在下放进去，在下早就脱颖而出了，岂止露出个锥尖呢？"

平原君一听，觉得毛遂说得有道理，就把最后的名额给了他。毛遂跟着大家一起向楚国而去，那十九个人都看不起他，一路上对他冷嘲热讽。

楚考烈王隆重接待了平原君一行。平原君把合纵策略的利害向楚考烈王进行了详细的解释，他说了一遍又一遍，但楚考烈王一点也不动心。双方从太阳刚升起一直谈到了吃午饭，仍谈不出什么结果来。

对此，平原君觉得很郁闷。这时毛遂忍不住了，他手按着宝剑冲上前去，直接对平原君说："联合抗秦的重要性，'利''害'两个字就可以说清楚，并做出决定！现在从日出时谈起，到中午还不能决断，是什么原因？"

楚考烈王当时就愤怒地大声斥责："还不赶快下去，寡人在和你的主人说话，你是什么人？"

如果是别人，估计早已吓得抱头而出，但毛遂马上就转头对楚考烈王说："大王您之所以斥责臣，是仗着楚国人多势众。现在咱们相距在十步以内，您的性命就在臣的手中了。臣听说商朝开国的汤王以七十里地方为开端，终于称王天下；周朝开国的周文王仅凭着一百里土地，使诸侯臣服。他们难道是仗着兵多将广、人多势众吗？只不过是顺应历史大势、振奋扬威而已。现在楚国方圆五千里，有持载战士一百万人，这是称霸的资本呀！以楚国的强大，各国都难以抵挡。白起不过是个小人物，带着几万兵与楚国作战，一战就夺去鄢、郢两城，再战便火烧夷陵，三战已使楚国历代先君受辱。这是百世难解的仇怨，连赵国都替楚国感到羞愧，而大王却不以为意。现在赵国提议联合抗秦，实在是为了楚国，而不是为了赵国啊！您为什么要呵斥臣呢？"

楚考烈王知道自己理亏，脸一下子红了，只得对毛遂说："正像先生指教的那样，寡人愿意以全国的力量与赵国合作。"

毛遂问："确定联合抗秦的事了？"

楚考烈王点了点头："确定了。"

毛遂大声地对楚考烈王身边的人说："快去拿鸡血、狗血、马血来。"

之后，毛遂接过这几盆血，跪在楚考烈王面前，说："首先请大王您歃血宣誓订立同盟，其次是臣的主人平原君，再次是臣。"

楚考烈王和平原君先后完成了歃血为盟。之后，毛遂也完成了。最后，毛遂把另外十九人也叫上来，让他们在堂下完成盟誓，顺便教训了他们一顿："你们也在堂下一起歃血宣誓吧！你们一点儿忙也没帮上，还是靠着别人才办成了事情。"

平原君回到赵国后，重重奖赏了毛遂。而楚国与赵国歃血为盟后，楚考烈王立刻派出春申君带着军队去救赵国。

信陵君窃符救赵

在春申君快马加鞭赶往赵国的同时，魏国也派晋鄙带着十万军队去救赵国。楚、魏两国同时出兵，与白起预料的没有差别。秦昭襄王很焦急，他怕秦军抵抗不住联军的攻势，更重要的是，秦国现在也没有更多的兵力可以派往前线了。

想来想去，秦昭襄王决定派使者去见魏安釐王，警告说："秦国早晚会攻下赵国，各国中谁敢来救赵国，等灭了赵国以后，秦国必定调动大军先进攻它！"魏安釐王真的被这话吓到了，连夜派人去找晋鄙，命令他到达邺地后就停止前进。

魏安釐王觉得光这样做秦国还是会不高兴，干脆派新垣衍悄悄去邯郸，想通过平原君去劝说赵孝成王，共同尊秦昭襄王为帝，以此使秦国罢兵。

齐国人鲁仲连正在邯郸，知道这个消息后，没等新垣衍见到赵孝成王，就马上跑到驿站里找到新垣衍，对他说："秦国是鄙弃礼义伦常而崇尚杀人立功的国家。如果它公然称帝，我鲁仲连只能去跳东海而死，绝不做秦国的臣民！况且，魏国还没有看到秦王称帝以后给它带来的危害，我将让秦王把魏王煮成肉酱。"

新垣衍快快不快地问鲁仲连："先生如何能让秦王把魏王煮成肉酱呢？"

鲁仲连说："确实如此，听我慢慢说来。当年九侯、鄂侯、周文王，是商纣王朝廷里的三公。九侯有个女儿，容貌姣好，他就把女儿献给了商纣王，但商纣王厌恶她，就把九侯剁成肉酱。鄂侯极力为九侯辩护，也被商纣王做成肉干。周文王听说了这件事，只是喟然长叹，也被关押在羑里的仓库达一百天。现在秦国是拥有万乘兵车的大国，魏国也是同样的大国。两国都有雄厚的国家实力，各自有称王的名位。为什么看到秦国打了一次胜仗，就想听从它的指挥，尊秦王为帝，从而使自己落到被人宰割做成肉酱的地步呢？如果秦王未被制止而称帝，就将施行天子的礼仪，号令天下各国，并且将更换各国君主的大臣。他将剥夺他所看不起的人的职位，转授给他所器重的人；他将剥夺他所憎恨的人的职位，转授给他所宠爱的人；他又将把秦国的女子和妾姬，指婚给各国君主。设想这些人在大梁宫殿中，魏王还能泰然处之吗？而将军您又有什么办法能保住旧日的恩宠呢？"

新垣衍听完心中大惊，离座再次拜谢说："我今天才知道先生是天下高士啊！我这就回国，不敢再提尊秦为帝的话了。"

鲁仲连虽然说服了新垣衍，但也没有办法让晋鄙进军救赵。赵国对魏安釐王的做法十分气愤，但也无可奈何。

平原君想了想，决定去求信陵君。信陵君魏无忌为人仁义，礼贤下士，应该会帮这个忙。信陵君接到平原君的信后，觉得很为难。他是魏安釐王的弟弟，又是平原君的妻弟。可是他并没有兵权，也劝不动魏安釐王，所以迟迟没有下一步动作。

平原君派到魏国求救的使者车马接连不断，指责信陵君说："我之所以与您联成姻亲，就是仰慕您的高尚道义，能够急人之危。现在邯郸要落入秦国手中，而魏国援兵裹足不前，即使您看不起我、鄙弃我，难道也不可怜您的姐姐吗？"

无奈之下，信陵君只好聚集门下宾客，带着百余乘车马，准备亲自赴赵国解围。走之前，他特意到夷门去见侯赢。侯赢是魏国的隐士，已经七十岁，家中贫穷，在魏都大梁任夷门守门官吏。

有一次，信陵君举办盛大酒宴，招待宾客。来客已经坐定，信陵君却吩咐备齐车马，空着左边位置，亲自去接侯赢。侯赢穿戴旧衣破帽，跳上车子，昂然上坐，也不谦让。信陵君亲自驾车，更加恭敬。半途，侯赢又对信陵君说："在下有个朋友在集市上当屠户，请让车子绕到他那里去一下。"信陵君指挥车子进了集市，侯赢下车见到朋友朱亥，故意久久站在那里与其谈话；同时偷看信陵君反应，只见信陵君态度仍然十分谦和。于是，侯赢辞别朋友登车，到了信陵君府第。信陵君引侯赢坐在上座，向各位宾客介绍称赞他，宾客们都很惊讶。

只有信陵君知道，侯赢是真正的有才之士，所以才如此真诚地对待他。这次信陵君去前线，感觉自己凶多吉少，便特意跑去和侯赢道别，顺便听听他的建议。侯赢见到信陵君，只是说："公子您好自为之吧。在下年纪太大了，不能跟您一起去了。"

信陵君离开后，走了数里，心中闷闷不乐，又转回去见侯赢。侯赢居然还在原地，看到信陵君回来，便笑着说："在下早就知道公子会回来！如今您没有别的办法必须亲自去迎战秦军，好比用肉去打饿虎，能有什么好结果？"

信陵君一听这话，就知道侯嬴的心里还是有主意的，于是问他："您有什么办法？"侯嬴叫信陵君让身边的人都退下，然后说："在下听说晋鄙的调兵兵符在魏王卧室里，他最宠爱的如姬有办法偷出来。听说公子您为如姬报过杀父之仇，她曾表示愿意为您办事。公子只要一开口，就可以得到调兵的虎符，夺去晋鄙的兵权，北上救赵，西抗强秦，建立五霸的功业了。"

信陵君一听，立刻回城去找如姬，果然成功偷到了兵符。信陵君大为兴奋，拿着兵符就想马上出发，侯嬴又叫住了他，对他说："将在外，君命有所不受。假如晋鄙以此核验兵符后仍不交出兵权，而是向魏王请示，那事情就危险了。在下的朋友朱亥是个勇猛力士，可以与您一起前去。晋鄙如果听从，最好不过；如果不听从，可以让朱亥打死他！"

于是，信陵君又邀请朱亥一同前去。到了邺城，晋鄙核验兵符后，果然将信将疑，便对信陵君说："我率领十万大军在边境驻扎，而您只孤身单车前来替代我，是怎么回事？"朱亥听到这话，立即从袖中掣出四十斤重的铁锥，打死了晋鄙。接着，信陵君部署军队，下令说："父子两人都在军队中的，父亲可以回去！兄弟两人都在军队中的，哥哥可以回去！独子一人没有兄弟的，可以回去奉养父母！"之后，选出符合条件的八万名士兵，挥军前进。

白起之死

王龁围困邯郸已久，始终不能攻克，与各国联军的几次作战也均失利。白起听说后，无奈地说："大王不听臣的建议，现在怎么办呢？"秦昭襄王听到后十分愤怒，下令一定要白起挂帅去攻打邯郸。

白起依然称自己病重，不肯动身。因为白起知道，赵国人在长平之战后，对他和秦国人的仇恨是刻骨铭心的。如果由他来当攻赵的统帅，仇恨会被无限放大。

秦昭襄王和范雎却认为，现在秦国士兵、军用物资都比赵国充足，这一仗没有不赢的道理，白起如果肯去，一定能取得胜利。白起拒不从命又不肯说明原因，让秦昭襄王把这段时间以来积攒的不满全发泄在了他身上。

秦昭襄王五十年（前257）十月，秦昭襄王免除了白起的官爵，把他贬为士兵，命令他迁到阴密。但这时白起因为重病在身，并没有马上离开咸阳。

同年十二月，秦昭襄王再次募集大量士兵准备投入邯郸前线，让这些后备力量都驻扎在汾城边上。本来白起也在被征之列，但他因为有病在身，暂时留在了咸阳。

这时，诸侯联军已经陆续到达，向王龁发动了进攻。王龁连败几阵，使秦军陷入极大的困境。王龁只能派使者向秦昭襄王请求派兵支援。可是秦国早就没有兵力可以派到前线去了。秦昭襄王没有办法，怒火上来只得找白起发泄。他根本不理王龁，只是派人去要求白起离开。连到哪里去也没有说清楚，只要白起不在咸阳就好。

白起就这样离开了咸阳，他从咸阳城徒步而出，来到城门下，抚摸着冰冷的城墙，迎面是冷冷的西风。白起只走了十里，到杜邮就停了下来。他现在确实病得不轻。

而此刻，在秦宫大殿里，秦昭襄王和范雎正在召集大臣们开会。会议的主题就是向大家宣布："白起之迁，意尚怏怏有馀言。"意思是说，白起迁走时，怏怏不服，还有别的怨言。既然已经有了结论，秦昭襄王便派使者前去赐给他宝剑。

白起一看，就明白了秦昭襄王的用意，挥剑自杀。一代战神，星陨杜邮。

此时咸阳西边的旷野上，西风如吼，落叶遍地。关于白起，后世及同时代人对他的军事能力都给予了极高的评价。他遇到了一个让他能力发挥得淋漓尽致的时代，立下了赫赫战功，可惜他遇上了范雎。命运让白起功盖战国，也注定让他凄惨地倒在咸阳西边的寒风里。

被推迟的统一进程

被各国联军打得只有招架之力的王龁，又被信陵君率领的军队一顿厮杀，大败于邯郸城下。王龁下令撤退。

另一边的郑安平也被廉颇死死地围住，根本没有办法突围。一看王龁都没有办法了，他很干脆地带着两万军队投降了赵国。

郑安平此举不但保住了性命，还得到了赵国的优待。可是举荐他的范雎就惨了。范雎自知罪责难逃，跪在草垫上请求秦昭襄王惩处治罪。按照秦国法令，被举荐的官员犯了罪，举荐人也按被举荐官员同样的罪名治罪。这样范雎应被判逮捕父、母、妻三族。

秦昭襄王闻报后，虽然很生气，但他还是舍不得杀死范雎。于是，秦昭襄王下令咸阳城内："有敢于议论郑安平事的，一律按郑安平的罪名治罪。"同时加赏相国范雎更为丰厚的物资，以使范雎安心顺意。

这一仗秦国可谓损失惨重，而获胜的一方日子也没有那么好过。

信陵君救下赵国以后，因为是私自出兵，又擅自杀死大将晋鄙，也不敢再回魏国，只能与门下宾客留在赵国居住，另派将军指挥军队回国。为了感谢信陵君的帮助，赵孝成王与平原君商议，用五座城来赐封信陵君。赵孝成王命人打扫宫殿，亲自前去迎接信陵君，以主人的礼节，引他由西面台阶登上大殿。信陵君侧着身子辞让，从东面台阶走上，口中连称罪过罪过，说自己既辜负了魏国，又没有对赵国有什么功劳。赵孝成王与信陵君一直饮酒到天黑，因为信陵君过于谦让，赵孝成王始终不好意思说出送给他五座城的事。最后，赵孝成王把鄗城送给信陵君，作为他的汤沐邑。后来，魏国也仍把信陵君的原封地信陵送还给他。

信陵君听说赵国有位高士毛公隐居在赌徒之中，还有位薛公隐居在卖酒人家之中，想与他们见面，但两人不肯见他。信陵君便徒步前去拜访，与他们一同出游。平原君听说此事后，不以为然。信陵君便说："我听说平原君是个贤德之人，才背弃魏国前去援救赵国。现在看他与一些人结交出游，只不过是显示阔绰，不是为了访求人才。我魏无忌跟着毛、薛二位出游，还只怕他们不愿意接纳我，平原君竟然认为这是羞耻！"于是他整备行装，想离开赵国。平原君急忙摘下帽子以示谢罪，信陵君才留下。

平原君又想封赏鲁仲连，派人三次前往，鲁仲连都不肯接受。平原君又给鲁仲连送去千金，鲁仲连笑着说："天下名士最看重的是为别人排除困难、解决纠纷而无所要求。如果有所谋取，那就是商人的行为了！"说完告别平原君而去，终生不再来见他。

邯郸之战中秦国受到重创，使得统一的进程向后推迟了很多年。

第四章

吕不韦的生意经

奇货可居

秦国和赵国虽然几年来打得你死我活，都恨不得把对方立刻灭掉，但两国之间也并未断了交往，比如两国仍然会互派人质到对方的都城去。

秦国派到赵国的人质是秦昭襄王的孙子，即太子之子异人。不过，此时的秦国太子并不是在魏国当人质的那位。当年，秦悼太子在魏国病死后，秦昭襄王就立次子安国君为太子，异人是安国君的儿子。不过，他并非安国君的嫡子。安国君的正室是华阳夫人，没有儿子，异人的生母夏姬只是安国君的小妾。异人在赵国做人质，日子过得很艰难。这不仅是因为秦国接连几次攻打赵国，赵国人对他很不友善，还因为他是庶出，车马及日常供给都不充裕，生活非常窘困，郁郁不得志。

当秦、赵两国大打出手时，异人仍然留在赵国。战争时期最危险的就是人质。异人明显感到赵国人看他时，眼里的敌意越来越浓厚了。敌意再增加下去，他的生命就会有危险了。更要命的是，爷爷和父亲都没有一点儿要管他的意思，这可怎么办呢？

幸运的是，还有一个人愿意管他。这个人叫吕不韦，是个生意人，本来是卫国富户，常常往来于各国做贸易。吕不韦来到邯郸时，碰上了异人。看到这个王孙的生活居然如此窘迫，吕不韦灵光乍现，拿起生意人的算盘一打，说声："此奇货可居！"

凭着灵敏的生意嗅觉，吕不韦觉得异人是个潜力股，投资异人肯定没有错。于是，他主动去和异人见面，对异人说："我可以提高您的门第！"

异人一看，一个做生意的人竟然对自己说这样的话，就笑了："先生您先提高自己的门第吧！"

吕不韦也笑了起来，说："您不知道，我的门第要靠您的门第来提高。"

异人一听，觉得他的话还挺有道理，就把他带回自己的住处深谈。吕不韦说："秦王年事已高，太子宠爱华阳夫人，华阳夫人却没有儿子。您有兄弟二十余人，子傒有继承秦国的条件，又有士仓辅佐他。您排行居中，又长期在外做人质，根本没有什么机会表现。如果太子继位做了秦王，您将很难争得继承人的位子。"

异人问："那该怎么办？"

吕不韦说："能够确立继承人的，只有华阳夫人。在下虽然不算富有，也愿意拿出千金为您去游说，让她立您为继承人。"

异人一听，兴奋地对吕不韦说："如果能实现先生说的计划，我愿意将秦国与您共享。"

吕不韦当场拿出五百金，叫异人先拿这笔钱去结识贤士，组建自己的团队；然后又拿出五百金，买了很多贵重的礼品，跑到咸阳去面见华阳夫人。他到咸阳后，首先见到了华阳夫人的姐姐，通过她把珍宝献给华阳夫人，趁机称赞异人贤明，宾客遍天下，常常日夜哭着思念太子和华阳夫人，并十分煽情地告诉华阳夫人："异人公子把您当作他的天。"

华阳夫人听了十分感动。吕不韦又通过华阳夫人的姐姐劝说华阳夫人：“靠容貌侍奉别人，年老色衰就会恩爱不再。现在夫人受宠却没有儿子，何不趁着年华正盛，早些在儿子中选一个贤良孝顺的，认他为嫡子，这样以后也有个依靠。公子异人贤明，又知道自己排行居中，做不了嫡子，夫人如果这时候提拔他，异人就从庶子变成了嫡子，您就从无子变成了有子，便能在秦国长久地幸福生活下去。”

华阳夫人一听，觉得这话很有道理，便找机会对安国君说：“公子异人是个贤明的人，来来往往的人都称誉他。”又哭道：“妾身不幸，没有为您生下嫡子，想把异人认为自己的儿子，让自己的后半辈子有个依靠！”

安国君没有犹豫，马上答应了爱妻的请求。

于是，安国君与华阳夫人刻下玉符，约定以异人为继承人。之后，安国君又给异人送去丰厚财物，并请吕不韦辅佐他。异人从此闻名于各国。

当然，这并非事情的全部。吕不韦在把异人成功打造出来之后，接下来就是大力经营吕家的品牌。他来到邯郸之后，立刻把邯郸最漂亮的美女赵姬娶回了家。等赵姬怀孕了，吕不韦便请异人来饮酒。异人见到赵姬，便想把她要来。吕不韦假装动怒，不久又将她献给了异人。赵姬的儿子，名叫嬴政，异人把她立为正室夫人。

邯郸被秦兵围困时，赵国人想杀死异人，异人与吕不韦把六百金送给看守，脱身逃到秦军中，得以回国。吕不韦到秦国后，了解到华阳夫人是楚国人，特意让异人穿着楚国服装前去见华阳夫人，华阳夫人看到后激动不已地说：“我是楚人啊！你就是我的亲生儿子了。”之后，她把异人的名字改为子楚。就这样，吕不韦成功把自己从生意人变成了政客。

周王室灭亡

子楚在赵国经历了种种坎坷后才回到秦国，他的爷爷秦昭襄王的日子也不好过。在邯郸之战大败之后，秦昭襄王很郁闷，盘算着得把这个脸面挣回来。赵国当然是不能打了。楚、魏、赵三国结盟，正处于合作的蜜月时期，楚、魏当然也不能打。那就只好打韩国这个"软柿子"了。

秦昭襄王五十一年（前256），秦国出兵伐韩，连取阳城、负黍两城，斩首四万。接着，他又下令进攻赵国，连下二十多个县，前后杀死、俘虏九万人。

秦国高层也为这个战绩感到震惊。要知道以前他们出动数十万大军狂攻邯郸，被赵国的十万军队挡在城外，最后还被打得大败。原因很简单，这次秦国攻打的是赵国的边境城市，赵国的力量有限，想管也管不了。

看到赵国大败，周赧王害怕了。现在秦国军队攻打的全是周地的边境，只要秦国士兵一不小心，就会踩进周的边界。一想到这里，周赧王马上打算背弃秦国，与各国联合起来攻打秦国。

秦昭襄王一看，周赧王居然还想制造麻烦，也生气起来，下令军队直接攻周。周赧王没有办法，只得自己跑到秦国，向秦昭襄王领罪，并且把三十六座城、三万人口全部献给了秦昭襄王。

虽然周赧王之前的做法让秦昭襄王很生气，但他并没有打算对周赧王下狠手，而是放周赧王回去了。周赧王垂头丧气地回去了，几个月之后，便郁郁而终了。

秦昭襄王敢于把周王室从历史舞台上抹掉，绝不是仅仅想取得一次胜利，或是寻求心理上的快感，而是有他的全面考量。看到周赧王出面号召大家合纵，诸侯们连口头响应也没有之后，秦昭襄王知道，周王室的招牌效应已归零，便放心地把重兵派过去，还没怎么使劲打，周王室便应声而灭了。

周王室灭亡，对于秦国来说是件好事。首先，中原诸侯国原来都是周王室分封的，只要它的旗号还在那里飘扬，诸侯国总还有法统依据。如果有人以这个法统为依据，号召大家共同对付秦国的侵略，说不定真的又把六国联合起来了。到那时，秦国的麻烦就大了。

其次，周王室重新启动合纵联盟，犯了秦国的大忌。现在灭了周王室，秦国可以借此向其他各国大声宣告，谁敢再联合起来挑战大秦权威，它就先打谁。

秦昭襄王五十二年（前255），周王室治下的百姓逃亡，秦国顺利取得了九鼎等贵重器物。之后，为了方便管理，秦国把西周公迁到了惮狐。

范雎离秦

在这段时间里，范雎过得也很郁闷。郑安平投降时，秦昭襄王看在以往的情分上，没有免掉他的职务。可是接下来，秦昭襄王五十二年，河东郡郡守王稽因犯通敌罪被判弃市。虽然秦昭襄王仍然没有追究范雎的责任，但此时的范雎已经惶惶不可终日了。

后来有一次，秦昭襄王在坐朝治事时发声长叹。范雎见状，走上前去，说："臣听说'人主忧虑是臣下的耻辱，人主受辱是臣下的死罪'。今天大王当朝处理政务而如此忧虑，臣请求治臣的罪。"

秦昭襄王说："寡人听说楚国的铁剑锋利而歌舞演艺拙劣。国家的铁剑锋利，士兵就勇敢；它的歌舞演艺拙劣，国君的谋计必定深远。心怀深远的谋略而指挥勇敢的士兵，寡人恐怕楚国要在秦国身上打算盘。办事不早做准备，就不能够应付突然的变化。如今武安君已经死去，而郑安平等人叛变了，国内没有能征善战的大将而国外敌对国家很多，寡人因此忧虑。"到了这时，范雎不但没有办法解决秦昭襄王的人才问题，而且连他自己的命运都没办法掌控了。范雎再次陷于人生的黑暗时刻。有人却从黑暗中看到了光明。这个看到光明的人名叫蔡泽。

蔡泽是燕国人，曾周游列国拜师学习，并向许多大小诸侯谋求官职，但都没有成功。有一次，他请著名的相术大师唐举相面，说："我听说先生给李兑相面，说'一百天内将掌握一国的大权'，[①]有这事儿吗？"

唐举回答说："有的。"

蔡泽说："像我这样的人您看怎么样？"

唐举仔细地看了一番，便笑着说："先生长得朝天鼻，端肩膀，凸额头，塌鼻梁，罗圈腿。我听说圣人不在貌相，大概说的是先生吧？"

蔡泽知道唐举是跟自己开玩笑，就说："富贵是我本来就有的，我所不知道的是寿命的长短，希望听听您的说法。"

唐举说："先生的寿命，从今以后还有四十三年。"

蔡泽笑着表示感谢后便走开了，随后对他的车夫说："我端着米饭吃肥肉，策马奔驰，手抱黄金大印，腰系紫色丝带，在人主面前备受尊重，享受荣华富贵，四十三年该满足了。"

---

① 秦昭襄王十二年（前295，赵惠文王四年），李兑和宗室赵成率军杀死了赵武灵王的长子赵章，困死赵武灵王，历时三个多月平定沙丘之乱。此后，李兑成为司寇、奉阳君，掌管赵国国政。

蔡泽离开燕国到了赵国，却被赵国赶了出来。蔡泽随即前去韩国、魏国，路上遇着强盗抢走了他的锅鼎之类的炊具。正值穷困潦倒之际，他听说范雎举荐的郑安平和王稽先后在秦国犯下大罪，范雎内心惭愧一蹶不振，便马上决定向西来到秦国。

　　到秦国后，蔡泽制订了一个周密的计划，自己先不出面，而是请了几个托儿，跑到范雎面前说："蔡泽是天下能言善辩之士，他一见到秦王，就必会使您为难，进而夺取您的位置。"范雎听了这话，当场就发起火来："这个蔡泽怎么敢说这样的话？！你们帮我把他找来。"

　　蔡泽要的就是这个效果。蔡泽去见范雎时，更是把傲慢无礼表现得十分到位，一副不屑与范雎对话的模样。范雎不由得大怒，大声说："先生不是说要代替我当秦相吗？请把您的本事亮出来。看看您要怎么从我的手里抢过这个大印。"

　　蔡泽慢悠悠地说："您怎么还没有看出来继续担任秦相的弊端呀？四个季节应该按春生、夏长、秋实、冬藏的次序，各自完成它的使命，并不断转换下去。您难道没有看到秦国的商鞅、楚国的吴起、越国的文种的下场吗？这有什么值得羡慕的呢？"

　　范雎一听，辩驳说："有什么不可以的？这三个人是节义的准则、忠诚的典范呀！君子可以杀身成名，死而无憾。"

　　蔡泽说："人们要建功立业，怎么会不期望着功成名就、全身而退呢？生命与功名都能保全的，属于上等人才；功名可以为后人景仰效法而生命却已失去的，就次一等了；声名蒙羞而自身得以苟全的，便是最下一等的了。商鞅、吴起、文种，他们作为臣子竭尽全力忠于君主取得了功名，这是可以为人仰慕的。但闳夭①、周公不也是既忠心耿耿又道德高尚、智慧过人吗？从君臣关系上说，那三个人虽然令人仰慕，可又哪里比得上闳夭、周公啊？"

范雎一听，承认道："先生高见。"

蔡泽说："如此说来，您的国君在笃念旧情、不背弃有功之臣这点上，能与秦孝公、楚悼王②、越王勾践哪一个相比呢？"

范雎说："他比不过他们。"

蔡泽又说："算起功绩来，您比商鞅、文种、吴起他们都多吗？"

范雎这次更老实了，说："我远远比不过他们。"

蔡泽说："这样的话，您如果还不引退，将遇到的灾祸恐怕要比那三位更严重了。俗话说：'太阳升到中天就要偏斜而西，月亮圆满了即会渐见亏缺。'知进退、懂盈亏，随时势的变化进行调整以求适应，是圣人的法则。现在您仇也报了，恩也报了，心愿完全得到满足却还不作变化的打算，在下为您担忧！"

范雎一听，大受感动，把蔡泽当作上宾款待，然后找了个机会，安排蔡泽和秦昭襄王见面。会见结束后，秦昭襄王拜蔡泽为客卿。范雎看时机成熟，便称病辞职。开始，秦昭襄王不同意，再三挽留。范雎称自己病重，终于得以免相。

---

① 闳夭，西周开国功臣，与散宜生等共同辅佐周文王，后来又辅佐周文王的儿子周武王灭商。

② 楚悼王，战国初期楚国国君。为了使楚国能够强大起来，楚悼王任命吴起为令尹，实行变法。在变法过程中，楚悼王完全信任吴起，使吴起可以安心地进行大刀阔斧的改革。这次变法成果丰硕，帮助楚国实现了平百越、并陈蔡、却三晋、西伐秦，诸侯震怒的战略目标。

范雎就这样离开了秦国政坛，说不上体面，但也算安全着陆。十几年来，范雎对于秦国的作用是巨大的，他提出了对秦国有着深远意义的"远交近攻"战略。范雎提出的"强干弱枝"政策，不但为秦昭襄王巩固了手中的权力，也对秦国后来的制度产生了深远的影响。

范雎走了，蔡泽留下了。秦昭襄王很欣赏蔡泽，很快就任命他为秦相。遗憾的是，蔡泽并没有守住相位，只干了几个月，就主动请辞了。

秦昭襄王去世

秦昭襄王虽然让范雎离开了，但仍然坚持"远交近攻"的策略不动摇。没过多久，秦国又开始对外征战了，这次的目标还是魏国。秦昭襄王五十三年（前254），秦国讨伐魏国，攻占了吴城。韩桓惠王看到魏国有难，不但不敢去救魏国，反而跑到秦国以臣下之礼朝见了秦昭襄王。见到韩国已经向秦国臣服，魏国也放弃了抵抗，宣布全国听从秦王的号令。

秦昭襄王在位已经五十三年，取得了不错的战绩，也占领了不少土地。以前，秦国虽然也拿过周王室发给的"霸主证书"，却从没有像现在这样，几个强国都向自己称臣。秦昭襄王本来就对天子的称号很热衷，当初就曾劝齐湣王跟他一起称帝[①]。只是齐湣王在苏代的劝解下醒悟，放弃了跟秦国合作，秦昭襄王这才作罢。

有了底气之后，秦昭襄王五十四年（前253），秦昭襄王在雍城南郊祭祀上天，而这个大典原本是天子才有资格举行的。

---

① 秦昭襄王称西帝，齐湣王称东帝。

秦昭襄王在做完这些之后就突然病倒了，一年多后，于秦昭襄王五十六年（前251）去世。秦昭襄王活了七十五岁，在位五十六年，是秦国历代君主中在位时间最长的人，当秦君的时间超过了孝公、惠文王、武王的总和，也超过了他后面几个后辈在位时间的总和。

秦昭襄王在位期间，取得了无与伦比的成绩。尤其是在军事方面，秦昭襄王连败六国，正式确立了秦国天下无敌的超强地位，为日后统一六国打下了坚实的基础。

混乱的后秦昭襄王时代

一代雄主秦昭襄王死后，他的儿子安国君继位，就是秦孝文王。秦孝文王没有忘记他对华阳夫人许下的诺言，继位后立刻让异人，也就是子楚当了太子。

子楚当年从邯郸逃命回到秦国时，身边只跟着吕不韦，妻子赵姬和儿子嬴政仍然留在赵国。赵国人没有下狠手把这两个人杀了，而是让他们继续在那里生活着，以此作为牵制秦国的手段。等秦孝文王继位后，赵国高层看到子楚成为太子，立刻派人把赵姬母子送过来，表示愿与秦国成为友好国家。

韩国一看赵国对秦王如此殷勤，也想了个办法。韩桓惠王亲自穿着孝服来到秦国，在秦昭襄王的灵柩前痛哭。

燕王喜一看秦昭襄王去世了，觉得自己的机会来了。他派出使臣栗腹与赵孝成王缔结友好盟约，并以五百金置办酒宴款待赵孝成王。栗腹返回燕国后对燕王喜说："赵国的壮年男子都死在长平了，他们的孤儿还都没有长大成人，现在正是进攻赵国的好时机。"

燕王喜召见昌国君乐间①，询问他的意见。乐间回答说："赵国的四境都面临着强敌，需要四面抵抗，故国中百姓均已习惯于作战，不能攻伐。"

燕王喜说："寡人可以用五个人来攻打赵国的一个人。"

乐间答道："那也不行。"

燕王喜大怒。群臣大部分都认为可以出兵攻赵，燕王喜便调动两千辆战车，出动两路大军，一路由栗腹率领，一路由卿秦率领。大夫将渠说："刚与赵国订立友好盟约，并用五百金置备酒席请赵王饮酒；使臣一回来就发兵进攻人家，这是不吉利的，燕军肯定无法获胜。"

燕王喜不听将渠的劝阻，还亲自率领配合主力作战的部队随大军出发。将渠一把拉住燕王喜腰间的绶带，燕王喜生气地向他猛踢一脚。将渠哭泣着说："臣不是为了臣自己，而是为大王您啊！"

燕国的军队抵达宋子，赵王命令廉颇率军迎击燕军。这次廉颇的战术一点儿也不保守，他命令赵军直接向燕军冲击，先把栗腹打了个遍地找牙——栗腹也死于战乱之中——又挥师而去，把卿秦的部队杀得四处狂逃，还乘胜追击，深入燕地五百里，并包围了燕国的都城蓟城。

燕王喜只得派人向赵国求和。赵国人说："一定得让将渠前来议和才行。"于是，燕王喜便任命将渠为相国，前往赵国议和，赵国的军队方才退走。

这一仗充分说明，尽管遭遇长平惨败，国力跟秦国不能相比，但赵国仍然有一定的实力。另外，此战还透露了一个无情的事实，那就是即使各

---

① 乐间为名将乐毅之子。

国面临秦国的强大压力，但仍然没有联合抵抗的意识。这对于秦国而言，实在是非常有利的。

同年，赵国的平原君结束了他毁誉参半的一生。长平之战中，赵孝成王中计换将让赵括代替廉颇，使得赵国遭遇了史无前例的大败。对此，司马迁认为，身为赵国重臣的平原君应该承担长平之战的全部责任。这个责任还追究到他力主接收上党的事上来，如果当时赵国拒绝接收上党，秦国就不会进攻赵国。

司马迁由此给平原君下了个评语："翩翩浊世之佳公子也，然未睹大体。"而且还追加了一句"利令智昏"。

其实司马迁把这些责任都放在平原君的头上，显然是有点问题的。如果赵国不接受上党，那么上党将无可争议地落入秦国的手里。那样一来，赵国的门户就大开了。从范雎为秦国制定的方略上看，攻打赵国是次优选择，即使那时不打，不用多久也会打。不发生长平之战，也会发生别的大战。

当然，平原君在长平之战中确实也有一些问题，他的错误主要是在赵孝成王的换将决定中投了赞成票。等长平之战结束后，他也没有赞同虞卿的建议，而是想通过外交手段达到救赵的目的。对这两个决议的影响才是平原君要负起的主要责任。

在长平之战后不久的邯郸之战中，平原君与蔺相如配合默契，一个主抓军事，一个主管内政外交，在最危急时刻，让赵国继续存活了下来。平原君去世，赵国的前途被蒙上了一层深深的阴影。

吕不韦心愿得偿

平原君赵胜的死，是赵国的巨大损失；而秦孝文王的死，却没有动摇秦国的强国地位。在秦昭襄王死后，秦孝文王服丧一年，到秦孝文王元年（前250）十月初四，才正式宣布继位。没想到，他只在王位上坐了三天，就突然去世了。

秦孝文王因为什么病而死，史书没有说明。有人猜测，是吕不韦为了让子楚早日上位，毒死了秦孝文王。这个推测是站不住脚的。当时吕不韦连权力场上的人脉都没有搭建起来，影响力也几乎可以忽略，哪有能力干掉秦国的国君。考虑到当时人的寿命普遍较短，秦孝文王继位时又年纪偏大，他死亡的原因，最大可能就是病死或者寿终正寝。

历史就这样进入了秦庄襄王元年（前249）。秦庄襄王子楚继位后，尊嫡母华阳夫人为华阳太后，尊生母夏姬为夏太后。当然，秦庄襄王也没有忘记吕不韦，他一当上大王，就任命吕不韦为相国。

秦国领导者在两年之内连续换届，很多人以为秦国的政局肯定会陷入动荡的局面，因此都变得蠢蠢欲动起来。东周君就是这些人中的一员。

如前所述，秦昭襄王在收拾完周赧王之后，把周赧王放回了东周的地盘。此时，继承周君之位的就是东周君。东周君觉得现在的秦国有机可乘，就又出面发出号召，请各诸侯国一起谋划灭秦大计。

秦庄襄王知道此事后，马上派吕不韦统率军队，灭了东周，将东周君迁到了阳人聚。周王室至此断绝了最后的法统，再无人主持祭祀了。当时，奉周王室法统的东周治下只剩七座城：河南、洛阳、谷城、平阴、偃师、巩、缑氏。也有人把东周公国入秦作为周王室灭亡的标志。为了表彰吕不韦的功绩，秦庄襄王封相国吕不韦为文信侯，将河南、洛阳作为他的封地。

之后，秦国派蒙骜去攻打韩国。此时的韩国根本没有还手之力，秦军顺利夺取了成皋、荥阳，设置了三川郡。

在秦国不断扩大版图的同时，楚国也在不断向东扩张，出兵灭了鲁国。秦庄襄王二年（前248），蒙骜又率军向赵国进攻，夺取了榆次、狼孟等三十七城。

现在，能扩张版图的，除了秦国之外，就只剩楚国了。于是，战国后期的格局逐步明朗，楚国即将成为秦国最强劲的对手。

信陵君退秦兵

虽然楚国灭掉了鲁国，但是秦国并没有把这当成一回事，打算继续自己远交近攻的策略。于是，在秦庄襄王三年（前247），秦国分派两路人马出击：一路由王龁率领，进攻赵国的上党地区——王龁基本没遇什么阻力，就把该地区全部占领，并设立了太原郡；另一路由蒙骜率领，进攻魏国，连取高都和汲地。

魏国最近一段时间打败仗已经成为常态。魏安釐王十分焦虑，于是又派人到赵国去，要请弟弟信陵君回来。信陵君怕自己回去之后，哥哥突然翻脸，所以不愿回去。不仅如此，信陵君还特意告诫门客们："有谁敢给魏国使者通报消息的，一律处死！"于是，门客们都不敢规劝他回魏国了。

当然，还是有人大胆去做信陵君的思想工作。他们就是深受信陵君尊重的毛公和薛公。两人对信陵君说："您之所以受到各国的敬重，只是因为强大的魏国还存在。现在魏国的情势危急，您却毫不顾惜，如此一旦秦国人攻陷了国都大梁，焚毁了先王的宗庙，您当以何面目在天下人面前立足啊！"

信陵君思考了一下，觉得这话很有道理，就带着大家从赵国匆匆忙忙赶回了魏国。这时魏国人才凋零，见到信陵君时，魏安釐王激动得热泪盈眶，急忙把上将军的大印塞到信陵君手中。

信陵君利用自己的号召力，派人去请求各国前来救援魏国。那些诸侯国很给信陵君面子，一接到他的亲笔信，都马上派兵前来支援。于是，信陵君带着这支诸侯联军迎击蒙骜。蒙骜本来进军极为顺利，没想到遇上了诸侯联军。这支联军的实力不俗，士气也旺。无论蒙骜怎么努力拼杀，始终无法战胜联军。

无奈之下，蒙骜只好带着残兵一路败逃。信陵君穷追不舍，一直追到了函谷关，蒙骜躲进关内后才停下了追击的脚步。

当时，魏国安陵有个叫缩高的人，他的儿子在秦国为官，正驻守管城。信陵君很想拿下管城，但久攻不下。听说这件事后，信陵君就派使者去找安陵君，并对安陵君说："如果您能遣送缩高到我这里来，我将授予他五大夫的军职，并让他担任执节尉。"

安陵君却不配合，说："安陵只是个小国，根本不能强行命令哪个百姓。还是请使者大人自己去跟缩高谈吧。"

于是，使者就到缩高的家里，向缩高宣布了信陵君的命令。缩高一听，就说："信陵君之所以看重我，是为了让我出面去进攻管城。做父亲的在攻城，做儿子的却在守城，这是要被天下人耻笑的。况且我的儿子如果见到我就放弃了他的职守，那便是背叛他的国君；做父亲的若是教儿子背叛，也不是信陵君所喜欢的行为。我不能接受信陵君的旨令。"

使者回去向信陵君报告此事。信陵君很愤怒，又派使者过去，向安陵君传话："安陵国也是魏国的领地。现在我攻不下管城，秦国的军队就会赶到这里来攻打我。这样一来，魏国肯定就危险了。希望您能将缩高捆送到我这里！如果您不肯这么做，我就将调动十万大军开赴安陵城下。"

安陵君仍然不理，说："先君成侯奉（魏）襄王的诏令镇守此城，并亲手把太府中所藏的国法授给了我。国法的上篇说：'臣子杀君王，子女杀父亲，常法规定绝不赦免这类罪行。即使国家实行大赦，举城投降和临阵脱逃的人也都不能被赦免。'现在缩高推辞不受您授予他的高位，以此成全他们的父子之义，而您却说'一定要将缩高捆送到我这里来'，如此便是要让我违背襄王的诏令并废弃太府所藏的国法啊，我纵然去死，也不敢执行您的指示！"

缩高知道后，说："信陵君这个人，强悍勇猛，且刚愎自用，安陵君的那些话必将给安陵国招致祸患。我已保全了自己的名声，没有违背作为臣子应尽的道义，既然如此，我又岂可让安陵君遭到来自魏国内部的危害呀！"

于是，缩高跑到信陵君使者的住所，当着使者的面自杀了。信陵君知道后，感慨道："我真是个小人啊，为要攻取管城的思虑所困扰，对您说了一些不该说的话，请让我再次向您行礼，为我的罪过向您道歉吧！"

听说前线打了败仗，秦庄襄王算是知道了信陵君的厉害。为了给信陵君使绊子，他决定使用反间计。秦庄襄王特意派人带了一万金跑到魏国，找到晋鄙的门客，让其去劝说魏安釐王。晋鄙的门客果然在魏安釐王面前诋毁信陵君，说："信陵君流亡国外十年，现在重新担任了魏国的大将，各诸侯国的将领都隶属于他，致使天下人只听说有信陵君，而不知道还有魏王您了。"

　　这还不算完。秦庄襄王又多次派人奉送礼物给信陵君表示庆贺，并问他："您现在做了魏国国君没有啊？"

　　时间久了，魏安釐王也不能不信这些谣言了，就令人代替信陵君统领军队。信陵君明白自己再次因别人的诋毁而被废黜了，便以生病为由不再朝见魏安釐王，不再参与议事。之后，他开始日夜饮酒作乐，沉湎于女色中，四年之后就死去了。

　　魏国的百姓在信陵君活着的时候就把他当成偶像，在他死后更是把他当成神。大家有钱出钱，有力出力，修建了信陵君祠。现在开封的大相国寺就是信陵君的旧宅。

第五章

秦王政登场

秦王政继位

秦庄襄王三年（前 247）五月，秦庄襄王去世，太子嬴政继位。秦王政这时只有十三岁，一切国家大事都只能由文信侯吕不韦决定（秦王政尊称他为"仲父"）。

不过，吕不韦接手的却是一个不那么稳定的秦国政坛。一看大王只是一个十三岁的少年，秦国各地的反叛势力又开始蠢蠢欲动。秦王政元年（前 246），晋阳举兵反叛。吕不韦马上派蒙骜带兵去平叛。蒙骜只一战就平定了叛军。

有了蒙骜的保驾护航，秦国官场逐渐稳定下来，吕不韦很高兴。但其他各国就郁闷了。这其中郁闷程度最高的是韩国，为了消耗秦国国力，使其无暇东顾，韩桓惠王派遣水利家郑国赴秦，游说秦国兴修水利。具体来说，就是从仲山起，开凿一条引泾水沿北山东注入洛河的灌溉渠。

通过郑国有理有据的讲解，秦国同意开展这个工程。在工程进行中，秦国觉察到了韩国的意图，为此要杀了郑国。郑国说："臣所作所为的确为韩国延长了几年国祚，但是这条灌溉渠如果修成了，秦国也可享万世之利啊！"

秦国人觉得郑国言之有理，便命郑国继续主持施工，最终成功完成了这个工程。这条水渠引淤浊而有肥效的水灌溉盐碱地四万多顷，每亩收成都高达六斛四斗，秦国的关中一带因此更加富裕起来。正是这片良田，在秦国日后与六国的作战中为秦国提供了有力保障，使秦国从来不用担心自己的后勤工作。

被陷害的廉颇

秦国虽然投入大量的人力去兴修水利，但仍然没有忘记对外扩张。秦王政二年（前245），秦国将领麃公率军进攻魏国的卷地，斩杀三万人。

之后，赵孝成王任命廉颇代理相国之职，率军征伐魏国，攻取了繁阳。这时，赵孝成王去世，儿子赵偃继位，是为赵悼襄王。

赵悼襄王虽然在赵国最艰难的时刻上位，但他并没有一点儿进取之心。赵悼襄王当太子时，有个伴读叫郭开，两人关系一直不错。现在，赵悼襄王当上了大王，做的第一件事就是让郭开当上了相国。

郭开有个仇人，就是廉颇。在廉颇看来，郭开除了溜须拍马、阿谀奉承之外，什么都不会，只会仗着太子的宠信胡作非为。因此，廉颇一直对郭开不假辞色。赵悼襄王继位之前，郭开一直隐忍。现在他的靠山成了一国之君，自己也成了一国之相，就不用看廉颇这个老家伙的脸色了。

于是，郭开上任后做的第一件事，就是怂恿赵悼襄王免去廉颇的职务，由乐乘接替。廉颇一听，立马跳了起来，带着军队就去打乐乘。乐乘手里没有兵，看到廉颇的军队杀来，只得赶紧逃跑。廉颇知道自己这么做之后，在赵国肯定待不下去了，于是一路狂奔到了魏国。廉颇本来以为自己肯定会被魏安釐王重用，哪知魏安釐王连自己的弟弟信陵君都不用，哪里还会用他？

秦国看到乐乘跑了，廉颇也跑了，赵国军事人才凋零，又派出军队去攻打赵国。赵悼襄王在秦国军队手下连吃几次败仗之后，才意识到廉颇的重要性，很想把廉颇请回来对付秦军。

廉颇也同样很想回赵国。按理说之后君臣相得益彰应该是顺理成章的事了，但现实非如此，因为郭开又出现了。

郭开找到了考核廉颇的使者，给了使者很多钱，请他务必让廉颇的考核不过关。

廉颇看到赵王使者来了，为了表现自己仍然神勇不减当年，便在使者面前一口气吃下一斗米和十斤肉，表示自己的胃口还很好。吃过饭之后，他又跨上战马，做了一段冲锋陷阵的演习，表示自己的身体素质依然是过硬的。

因为使者已经收了郭开的钱，自然不可能如实汇报，而是耍了一个心眼儿。他是这样回复赵悼襄王的："廉颇将军虽然老了，但饭量还好。只是陪臣宴饮的时候，不一会儿就去上了三次厕所。"

赵悼襄王由此认为廉颇已经老了，便不再召他回国。楚国听说之后，派人去把廉颇请到了楚国。廉颇从此彻底跟赵国失去了联系。这对秦国来说，简直是天大的喜讯。廉颇的特长是防守而不是进攻，如果他还在赵国，秦国还真是拿赵国没有办法。现在他去了楚国，这个特长就完全丧失了意义，廉颇的价值也就无法体现出来了。

廉颇也知道这一点，他到楚国之后，天天叹气说："我最想指挥的还是赵国的士兵啊！"

赵国的又一顶梁柱——李牧

但是，秦国高兴得太早了——廉颇走了，赵国并非没有军事人才了。又一个军事牛人在赵国登上了历史舞台，这个人就是李牧。

李牧是赵国防守北部边疆的优秀将领，曾经领兵驻扎在代、雁门防御匈奴。当时赵国忙着跟秦国打仗，根本无力去管北部的事务。李牧成为赵国北部边防的最高统帅，手中握有人事任免权、征收赋税等大权。

李牧对士兵们很好，每天都杀几头牛来给大家吃，而且让士兵练习射箭和骑马，小心谨慎地把守烽火台，还不断派侦察兵四处深入匈奴境内，探听对方的虚实。

李牧对大家说："如果匈奴人入侵，我军就立刻带着人马、牛羊以及其他物资，全部退入营垒中死守。谁敢抓他们做俘虏，一律处斩！"

匈奴人听李牧有这么一条军规，都笑了。他们频频入侵，每次赵国军队都点起烽火台，然后紧急带着所有的东西躲进营垒。几年下来都是这么做的，双方也都没有什么损失。

很多人都觉得李牧这样做，实在是太保守了。堂堂赵国军队怎么怕匈奴怕到这个样子？最后，连赵孝成王都派使者把李牧狠狠批评了一顿。哪知，李牧依旧维持老样子，不做变动。

赵孝成王一看，李牧竟然不执行自己的命令，非常生气，就把李牧换掉了。新任将领一到任，立刻修改了李牧的部署，下令向匈奴进攻，结果损失惨重。匈奴连胜了几场，觉得赵国也不过尔尔，于是更加放肆地袭扰赵国的边境。边境的百姓流离失所，个个苦不堪言。

赵孝成王只得再请李牧出山。李牧说："臣病了，不能见使者。"但赵孝成王一定要请他出山。李牧就提出了复出的条件："如果一定要用臣，必须允许臣仍照从前的办法行事，臣才敢接受您的命令。"

赵孝成王同意了。李牧又回来了，继续执行保守约束的政策。匈奴人以为李牧怕他们怕得要命，因此越来越嚣张。而那些天天吃着李牧给的牛肉的士兵却认为，自己天天好吃好喝，却不出去打仗，实在不太像话，便个个都希望出去跟匈奴人决一死战。

李牧要的就是这个效果，于是他备齐精选战车一千三百辆、精选战马一万三千匹、曾获过百金奖赏的勇士五万人、能拉硬弓的善射的士兵十万人，将他们全部组织起来，进行作战训练。

与此同时，李牧还组织大家去边境放牧，一定要让匈奴人看到。匈奴军一看，开始不断来抢夺赵国的财物。李牧带着军队去抵抗，假装不敌，制造了惨败的假象。匈奴单于接到这个情报后，亲自出马，带着大军前来侵犯。

李牧立刻设阵以待，指挥部队从左右两翼对单于进行包抄，果然大败匈奴，一战斩杀匈奴十多万人，并灭掉了代以北的胡族——襜褴，再攻破东胡，迫使林胡归降。

赵悼襄王二年（前243，一说赵悼襄王元年），赵悼襄王任命李牧为大将，率军攻击燕国，李牧果然不负期望，占领了武遂、方城。之后，赵悼襄王任李牧为相，让他出使秦国。李牧的外交手段也不错，他跟秦国达成了一个协议，把在秦国当人质的赵国太子①带了回来。

五国攻秦

秦国这些年连年攻打周边国家，占了不少土地，各国诸侯对秦国是又恨又怕，但碍于实力问题，一直不敢对秦国动手。秦王政四年（前243），这个各国期待已久的机会终于露出了一丝端倪。

这一年的七月，秦国发生蝗灾，瘟疫流行。国家下令：百姓凡缴纳粮食一千石的，即授予一级爵位。

同年，魏安釐王去世，他的儿子魏景湣王继位。

秦王政五年（前242），秦将蒙骜趁魏国政局不稳之际率军讨伐魏国，攻克酸枣、燕、虚、长平、雍丘、山阳等二十城，设置了东郡。

秦国在这段时期里国内出现了大规模天灾，遭受了巨大的经济损失，还和其他国家依然战争不断，没有休养生息的时间。其他诸侯国的高层将这些情况看在眼里，高度一致地认为，他们需要抓住这个机会会一会秦国了。于是，在秦王政六年（前241），楚、赵、魏、韩、卫五国结成合纵联盟，共同讨伐秦国，由楚考烈王担任纵约长、春申君执掌军务。春申君还真没有辜负五国的期望，一战取得寿陵，然后带着联军一路冲到了函谷关。秦国果断出师迎战，五国联军不敌，大败而逃。五国纵约再一次瓦解。

楚考烈王听到这个消息，当场发飙，把这次失利的原因全部归罪于春

———————
　① 这位赵国太子并非赵悼襄王的儿子，而是他的哥哥春平君。

申君。从此，春申君渐渐被楚考烈王疏远。

观津人朱英对春申君说："人们都认为楚国本是一个强国，只是因为由您执掌事务才衰弱下去了，但臣不这么看。先王在世时，秦国与楚国友善，二十年间从不攻击楚国，这是为什么呢？是因为秦国要越过黾地要塞来进攻楚国，十分不便；要借道西周与东周，还要防备韩国和魏国，此种情况下来征伐楚国也不可行。但是现在情况不同了。魏国朝不保夕，随时都可能灭亡，根本无力顾及它的属地许、鄢陵。一旦魏国将这两地割让给秦，秦国军队距离楚国的都城陈地就不过一百六十里了。臣所看到的是秦、楚两国天天陷于相互争斗之中的情形。"

春申君采纳了朱英的建议，把楚国的都城从陈地迁到寿春，命名为郢。然后，春申君就跑回自己的封国吴地，仍行使相国职权。

对于楚国，秦国现在根本不想去招惹，继续攻打魏国才是正道。接着，秦军攻陷魏国的朝歌和卫国的都城濮阳。卫元君率领宗族迁移到魏国河内郡的野王居住，倚仗山势险阻来保全自身。

秦王政七年（前240），秦军进攻魏国，夺取了汲地。前后几年时间里，秦国连续攻打魏国，掠夺了大片土地，魏国变得更加弱小了。

魏国当然不愿就这么崩盘。为了自救，秦王政八年（前239），魏国做了个很痛苦的决定，把邺城割让给赵国，以取得赵国的帮助。可惜，这个做法并没有帮到魏国。秦国一面派兵攻打赵国，一面加紧了对魏国的攻势。到秦王政九年（前238），秦军继续征伐魏国，攻克了垣、蒲两城。

秦王政亲政

在攻打魏国的同时，秦王政也已经到了可以亲政的年龄，秦王政九年（前 238）四月二十日，他举行了冠礼。这意味着秦王政已经成年，可以亲政了。虽然冠礼已经举行了，但可惜的是，秦王政还是与大权无缘，因为他的前面还挡着几座大山——相国吕不韦、太后赵姬和长信侯嫪毐。

当初，秦王政继位时年龄尚幼，由相国吕不韦总掌朝政。不甘寂寞的太后赵姬时常与吕不韦私通。秦王政渐渐长大，吕不韦担心此事败露，给自己招来祸患，便将自己的舍人嫪毐假充作宦官，进献给太后。太后非常宠幸嫪毐，与他生了两个儿子，[①] 并封嫪毐为长信侯，把太原作为封国，甚至将国家政事都交由他来决定。

大家看到嫪毐手中的权力越来越大，他说要提拔谁，谁肯定会得到提拔；他说要处分谁，谁肯定得"下课"。于是，大家便都跑到他的门下，想要成为他的舍人。

就在嫪毐的权势如日中天之际，秦王政身边曾与嫪毐发生过争执的人告发了嫪毐。这个人告诉秦王政，实际上嫪毐并不是阉割过的宦官。秦王政于是下令，要将嫪毐交给司法官吏治罪。

嫪毐惊恐异常，便盗用御玺，假托秦王之命调兵遣将，企图攻击秦王政居住的蕲年宫。秦王政派相国昌平君、昌文君发兵讨伐叛军。双方在咸阳展开大战，秦王一方的军队斩杀叛军数百人，嫪毐在兵败逃亡时被秦军抓获。

---

① 太后怀孕的时候，害怕被秦王政发现，就假借占卜说咸阳宫不适合她居住，带着嫪毐迁居雍城的离宫。

同年九月，秦王政下令诛灭嫪毐三族，将嫪氏党羽都处以车裂、灭族之刑，嫪毐舍人中罪过较轻的放逐到蜀地，迁往蜀地的共四千多家。同时，秦王政把太后迁移到雍城的萯阳宫囚禁起来，并杀了她与嫪毐所生的两个儿子。

因为秦王政把太后治罪，按当时的伦理价值观来说，是很不合孝道的，所以，很多人天天在秦王政面前劝谏，希望他能放了太后。

年轻的秦王政听完后十分愤怒，下令说："有敢于为太后的事对寡人进行规劝的，一律斩首，砍断四肢，尸体摆在宫阙之下示众！"但仍然有人站出来死谏。最后，一共有二十七个人因为劝谏被杀死。

自齐国来的客卿茅焦通名求见秦王政。秦王政派人问他："先生难道没有看见那些堆积在宫阙之下的尸体吗？"

茅焦回答说："臣听说天上有二十八个星宿，现在已经死了二十七个人了，臣来原本就是为了凑够那二十八个数的。臣可不是那种怕死的人！"

使者向秦王政报告了茅焦的话。与茅焦住在一起的同乡因害怕受其牵连，都带着行李逃跑了。秦王政听到使者的回报后怒发冲冠，说："这个家伙竟敢故意冒犯寡人，快取大锅来把他煮了，看他还如何为凑满二十八星宿而堆尸在宫阙下！"

秦王政手按宝剑气冲冲地坐在那里，随即命令使者召茅焦进来。茅焦缓缓走上前来，伏地拜了两拜后起身，说道："臣听说有生命的人不忌讳谈人死，有国家的人不忌讳谈国亡；忌讳死的人不能维持人的生命，忌讳亡的人也不能保证国家的生存。有关生死存亡的道理，是圣明的君主急于要了解的，陛下想不想听臣说一说呢？"

秦王政道："先生要谈的是什么啊？"

茅焦说："陛下有狂妄悖理的行为，难道自己没有意识到吗？车裂继父，把两个弟弟装进囊袋中扑杀，将母亲迁到雍城囚禁起来，残杀敢于进行规劝的臣子，即使是夏桀、商纣王的行为也不至于暴虐到这个地步！如今只要天下的人听说了这些暴行，人心便全都涣散瓦解，再也不会有人向往秦国了。臣为此替陛下担忧！臣的话都说完了！"然后，他解开了衣服准备就刑。

秦王政听茅焦说自己这么做，会让统一天下的美梦破灭，马上脸色大变，走下大殿，把正等死的茅焦扶起来，说："先生起来穿好衣服吧。寡人愿意虚心接受先生的劝告。"

秦王政立即下令，封茅焦为上卿，然后亲自驾车把太后从雍城离宫接回了咸阳，母子二人和好如初。

秦王政处理完嫪毐事件后，没有打算放过吕不韦，只是因其侍奉先王功劳卓著而不忍心将其杀死。然而，死罪可免，活罪难逃。秦王政十年（前237）十月，吕不韦被罢免相国之职，离开咸阳，回到了自己的封地。

嫪毐、太后、吕不韦被一口气拿下，绝对是秦国高层的一场大地震。再加上之前郑国事件的影响，秦国的王族大臣们建议说："各国到秦国来做官谋职的人，大都是为本国的君主来游说的，以挑拨离间我们君臣上下之间的关系，请大王将他们一律驱逐出境。"

于是，秦王政下令全国实行大搜索，驱逐外来人。客卿楚国人李斯也在被逐之列。为了不被赶走，他上书给秦王政，这封上书就是后世赫赫有名的《谏逐客书》。

虽然文章很长，但秦王政还是耐心地看完了。李斯在这篇文章里，把秦国有史以来所取得的伟大成就一一展示出来，然后再指出，这些伟大成就里都有外来人士的贡献。如果没有由余、百里奚、蹇叔、丕豹、公孙支、商鞅、张仪、范雎这些外来人士的努力，秦国能否强大到今天这个样子，真的很难说。秦王政看了李斯的这封上书，立即召他入见，恢复他的官职，并撤销了逐客令。

吕不韦之死

处理完内政之后，秦国又开始对外出兵。秦王政十一年（前236），赵国讨伐燕国，夺取狸阳。秦国知道后，趁机派大将王翦、桓齮、杨端和率军征伐赵国，攻击邺地。

王翦是秦国继白起、蒙骜之后的又一军事奇才，他在攻打阏与、橑杨的时候并没有分兵。在攻打邺、安阳之前，王翦下了一道命令：军中俸禄不满百石的校尉都退伍回乡，只留下原来士兵人数的二成继续作战。如此一来，他麾下人数虽然锐减，但全是精锐部队。桓齮夺取邺、安阳时所用的兵就是这支精锐部队的一部分。

王翦、桓齮、杨端和组合的实力很强，一口气连下赵国九城，是秦国近年来取得的最重大的胜利。至此，秦王政文有李斯，武有王翦，三人组成了战国后期的最佳搭档。

秦王政的权力得到了巩固，但他仍然担心吕不韦的势力再次"抬头"。这样的担心不无道理。文信侯吕不韦返回封国一年多了。在这期间，来自各诸侯国的宾客、使者纷纷前往河南邀请他，路上的车马络绎不绝。秦王政担心吕不韦会生出什么变故，便写信给他："您为秦国立下了什么功劳呢？秦国封您在河南，享用十万户封地的收入。您与秦国有什么亲近关系，要称您为'仲父'？您还是携家眷迁往蜀地居住吧！"

看完这封信，吕不韦明白，自己会在不久的将来受到逼迫，甚至被杀。为了避免受辱，在秦王政十二年（前235），吕不韦饮下毒酒自杀身亡，家人私下将他偷偷埋葬了。

看到吕不韦死了，秦王政还不解气，直接下令，吕不韦的舍人凡参加了哭吊的，一律驱逐、迁徙出境，并说："从今以后，操持国家政事的人，凡像嫪毐、吕不韦一样淫乱无道的，将其家族的所有财产没收入官，照此办理！"

吕不韦原来是个商人，靠做生意获得了成功，之后又很想涉足政坛，扩大自己的影响力，便主动进行政治投资，挤进秦国高层的圈子，成为秦国政坛上一股举足轻重的势力。只是他没有范雎的智慧，不能做到急流勇退，最后落得自杀身亡的下场。

韩非之死

处理完吕不韦的事，秦国又把目光投向了外面。恰在此时秦国收到魏国的一封信，请求秦国派军队帮助魏国一起去攻打楚国。秦国马上调动四个郡的兵力，联合魏国进攻楚国。

不过，比起楚国这个庞然大物，秦国更喜欢蚕食的是实力不及自己的三晋。秦王政十三年（前234），秦将桓齮与赵将扈辄在平阳大战，结果桓齮斩杀赵军十万人，连扈辄也死在乱军之中。赵国上下对此十分震惊，赵悼襄王只得派李牧带着军队与秦军在宜安、肥下一带决战。

桓齮知道李牧的实力比扈辄强很多，对李牧还是有所提防的。他也知道李牧很善于防守反击，自己现在深入赵国后方，最怕打持久战。于是，桓齮决定率主力进攻肥下。

李牧看透了桓齮的打算，决定继续坚守。但他手下的赵葱却是个菜鸟，看到肥下城破在即，急忙来找李牧，要求去救肥下，李牧并没有答应。

李牧不去救肥下，并不表示他没有行动。他瞅准了一个机会，突然向秦军的大本营发起攻击。桓齮想不到李牧会来这一招，急忙回军迎战。双方在肥城之下交战，李牧奇兵突出，就地歼灭了全部秦军。

赵悼襄王大喜，封李牧为武安君。这个封号跟白起的一样，可见当时赵悼襄王对李牧的倚重。

秦王政十四年（前233），桓齮乘着李牧班师之机又率军攻赵，夺取了宜安、平阳和武城。

韩国看赵国被秦国打得很狼狈，自己的综合实力又远远不能跟秦国相比，就派出使者到秦国，以献出土地和国君的大印为条件，请求成为秦国的附属国。

韩国的要求很卑微，但其派出的使者是个杰出人物，他就是韩非。

韩非是韩国的公子，精通刑名法术的学说。他看到韩国国力日益衰弱，多次上书韩王，但总是得不到任用。于是，韩非深恶韩国治国不致力于访求人才、选任贤能，反而推崇一些虚浮、无能的蠹虫之辈，并给他们安排与实际功劳不相称的高位。他为正直的人遭受奸邪的权臣排斥而悲伤，就把愤怒转化为动力，考察了诸国过去的得失变化，撰写了《孤愤》《五蠹》《内储》《外储》《说林》《说难》等五十六篇文章，共十多万字。

秦王政听说韩非有大才，非常想跟他见上一面。韩非这次出使秦国，正好为两人会见创造了机会。韩非向秦王政上书一封，把自己的见解向秦王政陈述了一番。上书中说："现今秦国的疆域方圆数千里，军队号称百万人，号令森严，赏罚公平，天下没有一个国家比得上。臣冒死请求见您一面，是想说一说攻破各国合纵联盟的计略。您若真能听从臣的主张，就可以一举拆散合纵联盟，占领赵国，灭亡韩国，使楚国、魏国臣服，让齐国、燕国归顺，最终确立秦国霸主的威名，使四周邻国的国君前来朝拜。如果不能实现，就请您把臣杀了，以此告诫那些为君主出谋划策不忠诚的人。"

秦王政读后，心中颇为喜悦，但一时还没有下定决心任用韩非。李斯和韩非都是荀子的学生，两人虽然是同学，但关系并不友好，而且两人的政治观点也相差很多。李斯知道秦王政看过上书并对韩非颇为欣赏后，很忌妒韩非，便对秦王政说："韩非是韩国的一个公子，如今您想吞并各国，韩非最终还是要为韩国的利益着想，不会为秦国尽心效力的。现在您不用他，让他在秦国长期逗留后再放他回去，这是自留后患，还不如依法将他除掉。"

秦王政认为李斯说得有理，便把韩非交有司治罪。李斯又派人送毒药给韩非，让他及早自杀。韩非试图亲自向秦王政陈述冤情，却最终无法见到秦王政，只得无奈自杀了。

不久后，秦王政有些后悔，派人去赦免韩非，可是这时韩非已经死了，而且是死于同学之手。

第六章

一统天下

韩、赵亡国

韩非死后，秦王政丢弃了最后一丝顾虑，开启了平定六国、一统天下之旅。秦王政十五年（前232），秦王政下令大举伐赵，一路军队抵达邺城，一路军队抵达太原，攻克了狼孟、番吾，后因遇到李牧统领的赵军而无奈撤回。

既然灭掉赵国暂时有难度，那就从三晋中最弱的韩国入手吧。韩国很有自知之明，早在秦王政十四年（前233）就想向秦国献地称臣。秦王政十六年（前231），韩国又割南阳给秦国。同年九月，秦国派军队前往韩国接收。魏国看到韩国这么主动地割地给秦国，也害怕起来，主动向秦国献了一块地。

不过，秦王政并不满足于从别国得到土地。他拿了大量韩国赠送的土地，不但没有因此放缓伐韩的脚步，反而步步逼近。不给土地，打；主动给土地，还是打。韩国虽然知道秦国不讲道理，但因为自身实力有限，也没有其他办法。既然割地无效，那该怎么办呢？

还没等韩国君臣想出妥善的办法，秦王政十七年（前230），秦国的内史腾就带着军队杀进了韩国的都城新郑，抓住了韩王安。从此，韩国退出了历史舞台，而秦国在韩国故地设立了颍川郡。

韩国被灭掉后，赵国便全面暴露出来，成了秦国下一个主要攻击的对象。更让秦王政兴奋的是，赵国去年刚刚发生了饥荒，正处于困难时期。如果趁机出兵，赵国会立刻陷入内外交困的局面，这是灭赵的最好时机。

于是，秦王政十八年（前229），秦将王翦统率驻扎在上地的军队攻下井陉，然后联合杨端和率领的河内驻军一同进攻赵国。赵国大将李牧、司马尚领兵顽强抵抗秦军。

为了尽快取得胜利，秦国又使出了反间计，派人用重金收买赵王迁的宠臣郭开，让他在赵王迁面前诋毁李牧和司马尚，说他们企图兴兵反叛赵国。赵王迁对郭开言听计从，就派赵葱及齐将颜聚取代了李牧、司马尚二人。就这样，赵王迁亲自为王翦扫清了攻下赵国的最后一个障碍。

赵葱拿了赵王的命令去找李牧，李牧从赵国的安危出发，拒不领命。赵葱特别恨李牧没有采纳自己的意见，正好机会来了，自然不会放过。一看李牧抗命，赵葱急忙向赵王迁打小报告。赵王迁竟然密令赵葱诱捕李牧。赵葱当然不会客气，使用诡计诱杀了李牧。

司马尚知道李牧已死，自己如果还待在赵国肯定凶多吉少，急忙带着自己的家眷逃离了赵国。王翦知道李牧已死，司马尚已逃，心情大为放松。

秦王政十九年（前228），秦将王翦率军攻击赵军，赵军大败，赵葱被杀，颜聚逃跑。秦军乘势攻陷了赵国都城邯郸，俘虏了赵王迁。听说赵国亡国，秦王政亲自驾临邯郸，将过去与他母亲家有仇怨的人全部杀了，然后经太原、上郡返归秦都咸阳。

赵王迁被抓之后，连同很多战俘一起被送到咸阳。而深受他宠信的郭开这时已经被任命为秦国的上卿。赵王迁这才知道，原来郭开是个奸臣，他逼走廉颇，杀死李牧，全是上了郭开的当。

当然，赵国的王族并不甘心失败，公子嘉逃出邯郸，在代地称代王，宣布继承赵国的政治遗产。赵国的很多高层也都逃亡到那里，加入了代王集团。

王翦灭赵后驻守在中山故地，对燕国虎视眈眈。燕国高层意识到自己将直接面对强大的秦国了，也高度紧张起来。燕王喜急忙派兵与代王合兵一处，在上谷驻扎，跟秦国对垒。就这样，秦王与燕国的故事拉开了序幕。

燕太子丹的愤怒

在这些诸侯国中，秦王政最恨的是赵国，最不在意的是燕国。一来，乐毅伐齐后燕国综合实力急剧下降。二来，他跟燕国的太子姬丹是好朋友。太子丹以前也在赵国当过人质，两人同病相怜，相处融洽。

秦王政当了秦王，太子丹仍然还是太子。后来，燕国为了缓和与秦国的关系，就派太子丹到秦国当人质。太子丹领到这个任务的时候，并没有太多的抵触，因为秦王政是他的朋友。

太子丹满脸笑容地来到秦国，激动地等着与秦王政的见面。哪知，现在的秦王政已经不是以前在赵国的嬴政了。太子丹也是有脾气的人，看到秦王政这么对待自己，十分愤怒，逃回了燕国。

太子丹回到燕国之后，最想做的事就是报仇，杀死秦王政。不过，他也知道这个任务实在太艰巨了，于是把老师（太傅）鞠武请来，看有没有什么好办法。

鞠武建议太子丹西与韩、赵、魏三国订约，南与齐、楚联合，北与匈奴讲和，共同图谋对抗秦国。太子丹说："太傅的计略虽好，但要实现它旷日持久，令人内心烦闷、焦躁，我恐怕不能再等待了。"

此后不久，秦国将领樊於期在本国获罪，逃到燕国。太子丹收留了他，并以礼相待。鞠武规劝太子丹说："仅凭秦王的暴虐以及对燕国积存的愤怒、怨恨，就足以令人寒心的了。一旦他获悉樊将军被收留在燕国又会如何？这就等于把肉放在饿虎往来的小道上。希望您尽快将樊将军送到匈奴去！"

太子丹说："樊将军走投无路，归附于我，这本来就是我应当舍命保护他的时候了，请您还是考虑一下其他的办法吧！"

鞠武说："做危险的事情来求取安全，制造灾祸以祈求幸福，谋略浅薄使国家间的积怨加深。为了结交一个新的朋友，而不顾及国家将遭受大的危害，这会积蓄仇怨，并且助长灾祸啊！咱们燕国有位田光先生，他不仅智谋深广，还勇敢沉着，让他帮您出个主意吧。"

太子丹说："请太傅马上带我去跟他见面吧。"

鞠武立刻去见田光，对田光说："现在太子想跟先生见一见，商量国家大事。"

田光倒很干脆，说："好！"便跟着鞠武去见太子丹。

太子丹听说田光来了，激动得要命，为他辅好席子，然后请他上座。

太子丹又向田光行礼说："现在燕国和秦国已经势不两立，请先生帮我出出主意。"

田光看了看太子丹，说："臣听说千里马还强壮时，一天跑一千里不在话下。可千里马老了以后，连一般的劣马都比不过。您所知道的是臣年轻时期的状态，而没有考虑臣现在的情况。臣现在年纪大了，帮不上太子什么忙了。不过，臣可以向太子推荐一个人，他可以帮太子完成这个任务。他叫荆轲。"

太子丹说："还请先生帮我引荐一下。"

田光说："好的，臣这就去找他。"

太子丹起身相送，到门口时，对田光说："这件事关系到燕国的命运，请先生一定要做好保密工作啊！"

田光说："放心吧。"

田光立刻去找荆轲，把事情跟荆轲说了。荆轲说："既然您把我推荐给太子，那我就去见太子。"

田光说："我的任务完成了。太子怕我泄漏这件事。一个大侠做事，还被怀疑，这算什么大侠？"

田光拔出宝剑，在荆轲面前自杀。之后，荆轲去见太子丹。

荆轲说："田光已经自杀了，他用行动表明以后绝对不会泄密了。"

太子丹一听，跪下来，说："我原来是提醒他，这个工作要做得秘密一点，不要让别人知道。哪知他居然用死来保证。这个结果我真是想不到啊！"

待荆轲坐定后，太子丹恭敬地对荆轲说："现在秦国已俘虏了韩王，尽得韩地，又乘势举兵向南进攻楚国，向北威逼赵国……赵国无力对付秦国，那么灾难就要降临到燕国头上了。燕国既小又弱，多次为战争所拖累，哪里还能够抵挡住秦国的攻势啊！各国都屈服于秦国，没有哪个国家再敢合纵抗秦了。以我的愚见，如果能有一位勇士，以送厚礼为名前往秦国，以秦王政的贪婪，一定会接见使者。如果会见时使者能迫使秦王政将兼并来的土地归还给各国，就像曹沫当年逼迫齐桓公归还鲁国丧失的领土一样，当然是最好的了。倘若不行，便乘机刺杀秦王政。秦国大将拥兵在外，而国内发生动乱，君臣之间就会相互猜疑。趁此时机，各国如能够合纵抗秦，一定可以击败秦军。这是我的愿望，不知该委托给谁，希望您留意这件事情。"

过了很久，荆轲才说："这是国家大事，恕臣无能，恐怕不能胜任。"

太子丹一听，就在荆轲面前顿首为礼，几次三番请求荆轲答应。荆轲盛情难却，终于答应了。

太子丹大喜，拜荆轲为上卿，安排荆轲住进上等客舍，并天天亲往舍中探望。只要是荆轲提出的要求，太子丹都想办法去满足。尽管如此，荆轲仍迟迟没有行动。

易水悲歌

不久，秦将王翦灭了赵国，太子丹闻讯后惊恐不已，便想送荆轲入咸阳刺秦王。荆轲说："臣现在前往秦国，没有令秦人信任臣的理由，未必能接近秦王。倘若能得到樊於期的头颅，并将其与燕国督亢地图奉献给秦王，秦王必定很高兴地召见臣，那时臣才能够有所作为。"

太子丹说："樊将军在穷途末路时来投奔我，我实在不忍心杀他啊！"

荆轲当时没有说什么，私下里去见樊於期，并对他说："秦国对待您，可说是残酷之极，您的父母、宗族都被诛杀或没收为官奴了！现在听说秦国悬赏千斤黄金、万户封地购买您的头颅，您打算怎么办呢？"

樊於期仰天长叹，痛哭不已。他对荆轲说："在下恨秦王恨得要死，但又有什么办法？"

荆轲说："在下希望能得到您的头颅，把它献给秦王，秦王见此必定欢喜而召见在下，那时在下左手拉住他的袖子，右手持匕首刺他的胸膛。这样一来，您的大仇得报，燕国遭受欺凌的耻辱也可以消除了。您觉得怎么样？"

樊於期一听，大喊道："这正是在下日日夜夜渴求实现的事情啊！"随即拔剑自刎。

太子丹听说樊於期死了，立刻跑过去，伏在樊於期的尸身上痛哭了一场。但事已至此，无可挽回，他只好用盒子装了樊於期的头，封存好。另外，太子丹早已准备了一把据说是天下最锋利的匕首，命令工匠把匕首浸入毒药中，然后在人体上做实验，只要被这把匕首划出一点血，那个人就会马上死去。

太子丹觉得准备已经很完善了，就为荆轲收拾行装，准备送荆轲入秦。当然，他不会让荆轲一个人去冒险，他还给荆轲物色了一个助手。这个助手叫秦舞阳。根据太子丹的考核，秦舞阳十三岁就杀过人，应该不会半路掉链子。但荆轲并不看好秦舞阳，他在等另一个人。据说，那个人就是剑客聂盖。聂盖已经得到荆轲的通知，只是其住处离这里很远，一时没有赶到。

荆轲可以等，太子丹却等不了那么久了，天天去催荆轲。他又怕荆轲反悔，便对荆轲说："时间已经不多了，您还在犹豫什么呢？还是让秦舞阳先去吧。"荆轲很生气，大声地斥责太子丹："您为什么要先派秦舞阳入秦？能去不能回的都是小人物。现在臣之所以还不动身，是要等臣的朋友一起去。那样，成功的把握就大了。现在您既然嫌臣动作太慢，更怕臣后悔，那我们就此永别了吧。"

太子丹听荆轲说出诀别的话，不禁心中伤感，他带着所有的宾客穿着白衣、戴着白帽，为荆轲送行。一行人很快就来到易水边。

知道荆轲要到秦国去，他的朋友高渐离特意赶来送别。高渐离是个民间音乐家，特别擅长击筑。他们之前经常在一起喝酒，喝到高兴处，高渐离就会拿出他的乐器——筑，敲打起来。荆轲就跟着放声高歌。这次，在易水边，高渐离还要击筑，荆轲还要唱歌。两人都知道，今天荆轲的歌也许就要成为绝唱了。

高渐离一脸肃杀地站起来，荆轲也站起来。周边那么多白衣人都怔怔地望着他们。这些人都是太子丹的心腹，大多是燕国的权贵。现在，荆轲成了他们唯一的救星。

荆轲和高渐离无视他们的存在，临水而立，面向大江。悲风吹来，两人衣袂飘飘。筑声突然响起，高亢凛冽。

荆轲接着放声而歌：

风萧萧兮易水寒，壮士一去兮不复还！

曲调歌声凄厉悲怆，闻者无不动容，个个泪水奔流。岸上的抽泣声从无到有，最后响成一片。突然，筑声再变，歌声慷慨陈词，若万马奔腾，两人尽皆怒发冲冠，虎目圆睁。一众人等也觉得胸中豪气如涌。

一曲歌罢，荆轲在猛烈的寒风中纵声长笑，迈开大步，头也不回上车而去。太子丹还在望着他，目光中充满了殷切的期望。轰隆声起，尘土激扬，马车飞驰而去。

岸上人等呆若木鸡。英雄远去，余威犹在。史书在说到荆轲离去之时，只有一句话："于是荆轲遂就车而去，终已不顾。"

荆轲刺秦王

慷慨悲歌的荆轲很快就来到了秦国，这时已经是秦王政二十年（前227）。荆轲抵达秦国都城咸阳，通过秦王政的宠臣蒙嘉，表达了求见秦王政的意愿，说是带来了樊於期的人头和督亢地区的地图。

秦王政一听大喜过望，他最恨的就是樊於期。现在樊於期的脑袋和督亢地图都送到眼前，秦王政内心一阵激动，当场下令，叫大家都穿起朝服，在咸阳宫中以九宾之礼召见燕国的使者荆轲。

到目前为止，所有情节都按荆轲的设计进行着。荆轲带着秦舞阳，带着装有樊於期人头的匣子及督亢地图，进宫去见秦王政。

荆轲手捧装着樊於期的匣子走在前面，秦舞阳拿着地图紧跟着他。荆轲一脸严肃，缓缓而前。秦舞阳看到场面这么威严，害怕得全身发抖。秦国群臣都感到这个副使很奇怪。

荆轲回头一看，只见秦舞阳的脸皮又青又白，发抖之声清晰可闻，心里极是鄙视，便对秦王政解释道："从北方来的野蛮人，没见过什么大世面，现在看到大王威严，免不了害怕。请大王原谅他吧。"

秦王政仍然怀疑，于是对荆轲说："把秦舞阳手中的地图拿过来吧。"

荆轲一看，刺杀秦王的"双保险"变成了一个人的战斗，但他仍然不动声色，从秦舞阳手中取过地图呈给了秦王政。秦王政慢慢打开了地图。

一道寒光一闪，他突然看到地图上居然有一道刺目的光亮。这不是匕首是什么？

　　荆轲乘势抓住秦王政的袍袖，举起匕首刺向他的胸膛。未等荆轲近身，秦王政很机警地反应过来，立刻跳了起来，挣断了袍袖。秦王政这一跳，跟荆轲预想的情节偏差太大。

　　秦王政一边跑，一边拔出自己的佩剑，荆轲拿着匕首在后面紧追不舍，可秦王政的剑太长，仓促之间根本拔不出来，他只好往大殿的铜柱那里绕过去，荆轲见状也追了过去。两个人就绕着柱子你追我赶。

　　此时，朝堂上有大批官员，荆轲出其不意向秦王政出手，大家都吓呆了。很快就有人反应过来，但他们没有办法救驾。原来，秦国有个规定，上朝的群臣不能带兵器，殿外守卫的郎中没有宣召不能上殿。

　　秦王政从没有遇到过这样的突发事件，吓得六神无主，也没有下令侍卫上来抓刺客。这时，侍医夏无且怕荆轲伤害到秦王政，便把药袋子向荆轲砸过去。荆轲用手一挥，把袋子拨开。就这么一缓，秦王政有了喘息的机会。群臣中有人突然叫了一声："大王，快把宝剑扛到肩上拔出来。"

　　秦王政一听，顿时醒悟，按照大家的指点拔出了宝剑，向前一砍，砍断了荆轲的左腿。荆轲站立不稳，倒在地上。

　　到了这时，那把天下最锋利的匕首已经全部丧失作用。秦王政死里逃生，转危为安，又上前举剑向荆轲砍去。荆轲仍然没有彻底绝望，把匕首当成暗器向秦王政投过去。匕首从秦王政的耳边飞过去，插进铜柱里。

　　这时，荆轲手里没有了兵器。秦王政冲上前去，又在荆轲的身上连刺几剑，这才罢手。荆轲不再动弹，苦笑着面向秦王政，说："我没有早下手，是想先逼你退还燕国的土地。"

他的话说完，那些侍卫才冲上殿来，把荆轲砍死了。《史记·刺客列传》中讲到了春秋、战国时的几个著名刺客，荆轲大概是最受后人推崇的，但他其实是最失败的。后来，陶渊明说他失败的原因是"惜哉剑术疏"，这话有一定的道理。而且估计荆轲对自己的业务有点不自信，否则他就不会等聂盖了。但如果说由聂盖和荆轲两人联手刺杀秦王政，成功的概率就会更大一些，也不尽然。退一万步说，即便秦王政真的死了，也不会阻挡秦国一统天下的脚步。

原因很简单，以燕国的实力，根本动摇不了秦国的统治基础。太子丹只是个很有热情的"捣蛋鬼"，而不是一个合格的政治人物。他天真地以为，当年曹沫用一把匕首劫持齐桓公，就能逼迫齐桓公把鲁国的土地退还鲁国，自己也可以做到。可惜，秦国根本不需要诚信这顶帽子。太子丹看不到这一点，所以才有了荆轲刺秦这场冒险。但他注定要失败，荆轲也注定要失败。而他们的失败也让燕国驶入了灭亡的快车道。

刺秦余波

荆轲的行刺让秦王政勃然大怒，他下令增派军队攻打赵国，随王翦的大军攻打燕国。秦军在易水以西与燕军和代王的军队会战，大破燕、代之兵。

秦王政二十一年（前226）十月，王翦攻克燕都蓟城，燕王喜和太子丹率精兵退守辽东，秦将李信领兵急追。

代王赵嘉送信给燕王喜，要其把太子丹的头献给秦王政。太子丹知道后立刻逃跑，但燕王喜为了活命，硬是把儿子抓住，然后割下他的人头准备送给秦王政。哪知，人头还没有送出去，秦国大军已经开过来了。

太子丹的死并没有平息秦王政的怒气。五年之后，秦王政一统天下，成为史无前例的皇帝陛下，却没有忘记通缉太子丹和荆轲的门客。曾在易水边与荆轲诀别的高渐离也改名换姓，跑到宋子当了个酒保。有一次，他听到老板家的堂上有人在击筑，觉得很是亲切，就在门外走来走去，舍不得离开。

人家问他："酒保，你也听得懂这个？"

他笑了笑，说："这个人水平不差，但弹得还不够好。"

有人把这话说给老板听。老板一听，叫人把高渐离叫进来，让他也来一段试试。

高渐离退下堂来，拿出自己的行李箱，取出演出服装和筑，打扮了一下，然后来到堂前。大家一看，才知道高渐离不寻常，都向他行礼，尊他为上宾，请他为大家演奏。

高渐离一边击筑一边唱歌。大家一听，都轰然叫好。想不到酒保居然有这么高的水平，很多宾客都被他的音乐感染得泪如雨下，最后掩面离开现场。

高渐离立马成为当地的明星，大家都轮流请他去做客，让他击筑演唱。他的生活立马改观，名气也越来越大。后来，连秦始皇也知道了高渐离，邀请他来咸阳演奏。

高渐离来到咸阳，得到了秦始皇的召见。有认识他的人认出了他，忙向秦始皇举报。秦始皇觉得高渐离击的筑实在太好听了，不舍得杀他，就免了他的死罪，但为了安全起见，还是把高渐离的眼睛熏瞎了。

高渐离的功夫确实厉害，虽然他眼睛看不到，仍然保持着击筑的高水平。每次他一曲终了，秦始皇都拍手叫好。

秦始皇却没有发现高渐离偷偷做着小动作。高渐离偷偷把铅放进筑里，让筑的分量加重。他再次为秦始皇击筑时，就渐渐向秦始皇靠近过去。

他觉得已经很靠近秦始皇了，就突然举起筑，向秦始皇的脑袋砸过去。由于他的眼睛已经瞎了，手中力气虽然很大，但准头没有了，被秦始皇轻松躲过。事后，秦始皇不得不杀掉了高渐离。

荆轲刺秦王的余波至此全部结束，后世大诗人陶渊明曾专门写了一首诗来吟诵这件事：

燕丹善养士，志在报强嬴。

招集百夫良，岁暮得荆卿。

君子死知己，提剑出燕京；

素骥鸣广陌，慷慨送我行。

雄发指危冠，猛气冲长缨。

饮饯易水上，四座列群英。

渐离击悲筑，宋意唱高声。

萧萧哀风逝，淡淡寒波生。

商音更流涕，羽奏壮士惊。

心知去不归，且有后世名。

登车何时顾，飞盖入秦庭。

凌厉越万里，逶迤过千城。

图穷事自至，豪主正怔营。

惜哉剑术疏，奇功遂不成。

其人虽已没，千载有余情。

魏、楚灭国

就在燕王喜退守辽东的同年，即秦王政二十一年（前 226），秦王政派王翦的儿子王贲带着军队强攻楚国，一口气拿下了十多座城。秦国看到楚国也这么不禁打，心情激动起来。看来此次向南用兵，除了灭掉魏国，还可以灭掉楚国。楚国、魏国一灭，剩下的齐国、燕国就好对付了。

秦王政在攻楚的计划里，仍然把秦国的王牌将军王翦当作首发。不过，在问王翦的意见之前，秦王政先找来了此前在攻打燕国之战中立下大功的李信。

秦王政问李信："你觉得用多少人可以灭掉楚国？"

李信信心满满地说："二十万人就足够了。"

秦王政再问王翦同样的问题，哪知王翦说："非六十万人不可。"

秦王政一听，居然要六十万人，楚国都虚弱成这个样子了，真的需要六十万人这么多吗？他当场就对王翦说："王将军年纪大了，胆子变小了。"

于是，秦王政就派李信和蒙恬带二十万大军去讨伐楚国。王翦则因为秦王政说他年纪大了，没有采纳他的意见，便称自己的身体有病，请病假回老家休养。

虽然王翦称病，但并没有影响秦王政对其子王贲的信任。

秦王政二十二年（前 225），秦将王贲率军征伐魏国，引汴河水灌入魏国都城大梁。三个月后，大梁城垣塌毁，魏王假投降，为秦军杀死，魏国从此告别了历史舞台。

伐楚总指挥李信看到王贲灭魏灭得干脆利落，不由得有些着急了。他知道魏国虽然实力很弱，但魏都大梁的城防还是很坚固的。大梁不但城墙高大，而且周围还修建了纵横交错的水网。秦、齐两国大军多次打到城下，最后都无功而返。

李信以为，凭王贲的力量最终是能够攻破大梁城的，但肯定要花很长的时间，付出巨大的代价。也许他拿下楚国之后，王贲还在进行攻坚战，到了那时，他就可以把灭楚、灭魏两件大功全部收入囊中。

哪知，李信还在伐楚行军中，就接到王贲已经拿下大梁城的消息，于是，他跟蒙恬加快了伐楚的脚步。他们兵分两路，李信攻平舆，蒙恬攻寝，双双大破楚军。

李信一路信心爆棚，之后又攻克鄢郢，随后率军西进，与蒙恬在城父会师。李信只想着一路取胜，却没想到楚国虽然实力不及秦国，但幅员辽阔，人口众多，即便楚国国内没有杰出的将领，也不可能如此顺利。李信根本没有想到，楚军的这几次失败是对方故意造成的。楚国统帅项燕是个聪明人，他知道如果自己直接跟秦兵交手，肯定负多胜少。因此他来了个将计就计，诱敌深入。

李信果然按照项燕的设计一路取胜，直到在城父跟蒙恬会师。他却不知道，楚国的主力早已躲到他的背后，紧跟了他三天三夜。看到时机成熟，项燕下令总攻。

李信做梦也没有想到，在他心目中脆弱无比、一触即溃的楚军居然在自己背后出现了，只得仓促应战。项燕一番猛攻，攻进秦军的两个大营，斩杀七名都尉。

李信率残部逃奔回秦国，向秦王政报告了失败的经过，并自请处分。

这一战举世震惊，强大的秦军居然被打得遍地找牙，二十万大军一战而溃，常年受秦国欺负的楚国居然也有这样雄厚的战斗力。秦王政也被深深地震撼了，他终于认识到，姜还是老的辣，王翦的话是正确的。

之后，秦王政亲自前往频阳向王翦道歉："寡人没有采用将军的计策，而李信果然使秦军蒙受了耻辱。现在将军虽然患病，但难道就忍心抛下寡人不管吗？"

王翦说："老臣现在是病夫啊，哪能当大将？"

秦王政道歉说："将军就不要说这样的话了。"

王翦说："大王一定要老臣上战场，老臣也没有意见，但必须有六十万人。这个条件不满足，大王您就是杀了老臣，老臣也不能从命。"

秦王政说："一切都听您的。"

于是，王翦复出，率领六十万大军，出兵伐楚。

秦王政为了表示郑重，亲自到灞上为王翦送行。就在秦王政跟王翦挥手告别的时候，王翦突然提出要求，请大王再多赏给自己些良田和美宅。

秦王政一听就笑了，说："将军都要出征了，怎么还在担心自己的生活会贫困呢？"

王翦说："身为大王的将领，即便立下战功，也不能被封侯，所以趁着大王现在正看重臣，请求赏赐田宅，好让臣为子孙留下产业。"

秦王政哈哈大笑。

王翦率军开拔，抵达武关，又陆续派遣五位使者向秦王政请求赏赐良田。这时，连他手下的人都看不过去了，对他说："将军总是向大王求讨东西，太过分了吧！"

王翦却说："不是的。大王性格暴躁又喜欢猜忌，如今他将国中的甲士调拨一空，专门托付给我指挥，我若不借多求赏赐田宅为子孙谋立产业来表示坚决为大王效力，大王反倒要对我有所怀疑了。"

秦王政二十三年（前224），王翦率大军取道陈丘以南抵达平舆。楚国高层听说秦国换将之后又来了，而且这次人数更多，有整整六十万人，于是紧急动员，把全国的军队都调过来与秦军对抗。

哪知，王翦入楚之后，却突然叫停秦军前进的步伐，只修筑营垒，然后高挂免战牌。楚国军队屡次向王翦下战书挑战，王翦不为所动，就是不出战。

如果项燕挤出点时间，研究一下王翦，然后再对照现在王翦的做法，肯定会明白，王翦是一个谨慎的人，从不打无把握的仗。他这个做法肯定是有预谋的，必须认真对待。可项燕现在正急于摆脱六十万秦军入侵的阴影，并没有做这个工作。

那么，坚守不出的王翦在做什么呢？他就不怕秦军士气低落吗？王翦根本不需要有这样的担心。他下令改善士兵的生活条件，让大家吃得好、睡得好，然后还亲自下到各营，跟士兵们同吃同住。过了一段时间，王翦问大家："军中在进行什么游戏啊？"

大家说："军士们正在玩投石、跳跃的游戏。"王翦一听大喜，说："我们可以出战了。"

此时楚军无法与秦军交锋，项燕在求战不得之后，突然带着军队向东边而去，结果给敌人创造了机会。王翦当即挑选精兵为前部，狂奔突袭项燕军。

项燕没有想到秦军会突然杀出，一时手足无措，大败。王翦这时一点儿没有老态，下令秦军一路追击，楚军逃到哪里，就追到哪里。秦军一直追杀到蕲县之南，项燕也在乱军中被砍了脑袋。[①] 项燕是楚国最后的杰出军事人才，项燕一死，楚国基本没有可以与王翦等人抗衡的人了。之后，王翦迅速荡平周边的城镇，蚕食楚国的地盘。

秦王政二十四年（前 223），王翦、蒙武俘获了楚王负刍，楚国灭亡。秦国在楚地设置了楚郡。

燕、齐亡国

此时，战国七雄中除了秦国，只剩齐国和燕国了。齐国和燕国又是世仇，即使到了现在，仍然没有和解，更加没有联合起来对抗秦国的意思。这样的好机会，秦国当然不会放过。

于是，在灭楚的第二年，也就是秦王政二十五年（前 222），秦国大举兴兵，秦王政派王贲率兵进攻辽东。退守辽东的燕国已经今非昔比，面对秦国的进攻毫无还手之力。燕王喜被俘，燕国正式退出历史舞台。随后王贲率军攻代，俘获代王赵嘉。赵国也失去了复国的可能。

同年，王翦平定楚国长江以南地区，降服百越的首领，设置了会稽郡。当年五月，为了庆祝这些胜利，秦国特许全国举行大规模聚会宴饮。

现在，就只剩下齐国了。

现任齐国国君是齐王建，他是齐国的中兴之君齐襄王田法章之子。齐王建的水平很一般，但他有个很出色的母亲——君王后。君王后是太史敫

---

① 关于项燕之死还有另一种说法，根据《史记·秦始皇本纪》的记载，秦王政二十三年（前 224），王翦俘虏了楚王负刍。项燕立昌平君为楚王，反秦于淮南。秦王政二十四年（前 223），王翦、蒙武攻楚，大破楚军，昌平君死，项燕自杀。

之女，其丈夫齐襄王早逝后，她成了齐国的摄政太后。这是一个不一般的女人，君王后刚刚掌管齐国朝政时，秦昭襄王想试试她的水平，派人送了她一套玉连环，说："听说齐国聪明人很多，请你们帮寡人解开这些连在一起的玉环。"

君王后把群臣都叫过来，请大家开动脑筋，把玉环打开。大家仔细看了看，都表示没有办法解开。

君王后看了看秦国使者，发现秦国使者的脸上挂满了坏笑，原来秦昭襄王是想给齐国来个下马威。于是，君王后命人拿来一把铁锤，二话不说，举起铁锤向那套玉连环打过去，一下就把玉连环打碎了。她砸碎玉环之后，对使者说："我已经遵照秦王的意思解开了。"

秦国使者知道碰上高手了，只得回国复命。

君王后虽然在秦国使者面前挣了面子，但也知道秦国的实力在那里，是不能得罪秦国的。因此，她在主政期间，不但跟秦国搞好关系，也跟其他各国加强联系，谁也不得罪。她也知道，秦国之所以强盛这么多年，是因为它的人才政策制定得好，而齐国现在最缺的就是人才。

她对大臣们进行了详细的考核，准备之后向齐王建推荐。哪知，人才方案还没有做完，她的人生之路就要走到尽头了。

她在临死的时候，对儿子齐王建说："现在朝中有几个大臣还是可以重用的。"

齐王建赶紧说："请让我把名字写下来。"

君王后说："好。"

齐王建取了笔墨过来，拿着笔在那里，等着母亲指点。不知君王后想到什么，她对齐王建说："我已经忘了。"

君王后去世后，她的弟弟后胜成为齐国相国。因为齐王建并没有能力选拔出优秀的人才，所以齐国也逐渐走向了衰落。

在秦国的灭国顺序中，齐国排名很靠后，因此秦国在相当长一段时期内，只是坚定地执行李斯的政策：不断地派人拿着钱财跑到齐国，送给后胜。条件只有一个，就是不管秦国打哪个国家，齐国只要保持中立就行。

而且，被后胜派到秦国去刺探情况的宾客们回来之后，都得到了秦国送来的大量现金。这些现金当然不是免费的，但条件不高，只是要求他们与后胜的做法保持高度一致，对齐、秦两国的关系不要多言。于是，这些人卖力地在齐王建面前讲秦国的好话，说只要和秦国搞好关系就可以，根本不用花费大量的人力、物力备战。齐王建听得多了，自然也相信了这些话。于是整个齐国，一边在国内歌舞升平，一边看着秦国不断地攻打其他五国。

五国不断地派人来齐国求救，一遍又一遍地对齐王建讲述着唇亡齿寒的道理，可齐王建全都不理。就这样，秦国把五国全部灭掉了。

这时，齐国仍然是个幅员辽阔的大国，如果趁着这么多年的和平岁月，抓住机遇，则完全可以把国力提升起来。但齐国像一个过惯了好日子的懒人一样，在这段时间里什么也没做，白白浪费了好机会。

齐王建看到秦国灭楚灭燕之后，将重兵全开到齐国的边境，这才觉得真的危险了。可他并没有更好的办法，看来只有向秦王政称臣一条路可走了。

齐王建愿意苟且地活下去，并不代表其他人也愿意。雍门司马挡住他的去路，问他："齐国设立国君，是为了国家，还是为了国君自己啊？"

齐王建说："当然是为了齐国。"

司马说："既然是为了国家才设立君王，那您为什么还要离开自己的国家到秦国去呢？"

齐王建一听，知道自己这么做理亏，无奈只得掉头回去了。

即墨大夫是个主战派，听说了这件事之后，便跑过来见齐王建。他对齐王建说："齐国国土方圆数千里，军队数百万人。现韩、赵、魏三国的官员都不愿接受秦国的统治，逃亡在阿城、甄城之间的有数百人。大王您将这些人收拢起来，交给他们百万之多的兵士，让他们去收复韩、赵、魏三国旧日的疆土，如此，就是秦国的临晋关也可以进入了。楚国鄢郢的官员们不愿受秦国驱使，逃匿在南城之下的有数百人。大王您将这些人聚集起来，交给他们百万人的军队，让他们去收复楚国原来的土地，如此，即便是武关也可以进入了。这样一来，齐国的威望得以树立，秦国则可被灭亡，这又岂止是保全自己的国家而已！"

可惜齐王建胆子太小，坚决否定了即墨大夫的建议。齐王建什么也没做成，不能投降，又没有军事经验，现在他还能做什么呢？不过，现实并不允许他犹豫太久。

秦王政二十六年（前221），秦王政命王贲攻齐。这一次，秦王政认真汲取了第一次伐楚的教训，没有直接派大军跟齐国硬碰硬，而是玩了一个小小的计谋。

秦王政知道现在齐国的主力部队全部署在西部边境，做好了抵御秦国进攻的准备。所以，他一面叫王贲避开齐国的主力部队，一路狂奔，突然出现在齐国都城临淄城下；一面跟齐国开展外交活动。

秦王政派人跟齐王建约定，只要他答应放下武器，向秦国投降，就可以封给他五百里的土地。

齐王建一听，没有花时间思考，就直接宣布投降。齐国前线的主力部队听说齐王建投降了，也都跟着投降。齐国就这样灭亡了。

齐王建送上投降书之后，就等着秦国给他那五百里土地，想着虽然比不上之前的日子，但总归不会太差。没多久，秦王政的命令下来了，把齐王建送到共地，安置在松柏之间。最终，齐王建被饿死在那里。

秦国终于统一了天下。秦国能从一个边陲小国发展成为一个超级大国，靠的是无与伦比的进取心。从秦献公开始实行的人才政策，吸引了大量厉害的人进入秦国，于是有了商鞅变法，实现军事内政齐修，国家终于强大起来，实现了东出的夙愿，并最终一统天下。

万世之功

秦王政从十三岁登基成为秦国之主，到秦王政二十六年（前 221）一统天下，还不满四十岁。他自认为德行超过了三皇，功业超过了五帝，于是便改称号为"皇帝"，皇帝发布的教令称"制书"，发布的命令称"诏书"，皇帝自称为"朕"。

之后，秦始皇追尊父亲庄襄王为太上皇，并颁布制书说："君王死后依据他生前的行为定下谥号，这是儿子议论父亲，臣子议论君王，实在没有道理。从今以后，废除为帝王上谥号的制度。朕为始皇帝，后继者以序数计算，称为二世皇帝、三世皇帝，以至万世，无穷尽地传下去。"

当初，齐威王、齐宣王的时期，邹衍研究创立了金、木、水、火、土的"五德相运"学说。到了秦始皇统一天下时，齐地人将此学说奏报给他。秦始皇采纳了这套学说，认为周朝是火德，秦取代周，是水克火，秦应是水德。于是他下令更改岁历，新年朝贺典礼都从十月初一开始，以十月初一为元旦；衣服、旗帜、符节等都崇尚用黑色；计数以六为一个单位。

这些工作做完后，丞相王绾提了一个新的建议："燕、齐、楚三国的故地距都城咸阳过于遥远，不在那里设置诸侯王，便不能镇抚当地的百姓。所以，请您分封诸位皇子为王。"秦始皇将这一建议交给大臣评议。

廷尉李斯说："周文王、周武王分封子弟族人非常多，他们的后代彼此疏远，相互攻击如同仇敌，连周天子也无法加以制止。现在四海之内，仰仗陛下才终于获得统一，全国都划分为郡和县，对各位皇子及有功之臣，用国家征收的赋税重重给予赏赐即可。这样就可以非常容易地对他们进行控制，使天下人对秦朝廷不怀二心，是安定国家的正确方略。臣认为，分封诸侯不合时宜。"

秦始皇说："天下人都吃尽了无休止的战争之苦，全是因为有诸侯存在的缘故。今日依赖祖先的在天之灵，使天下初步平定，假若又重新分封诸侯，便是自己招致战乱，想以此求得宁静、养息，岂不是极困难的事情吗？！廷尉的主张是对的。"

于是秦始皇下令，把全国划分为三十六个郡，每个郡设置郡守、郡尉、监御史。这就是郡县制度。秦朝没有延续周朝分封制的做法，实行郡县制，主要就是为了进一步加强中央集权。因为郡县制的地方官员由皇帝直接任免，避免了因分封制带来的诸侯国权力过大的问题，从而巩固了国家的统一。

秦始皇靠武力统一天下，最知道暴力的重要性。因此，他把全国所有的兵器都收缴起来，统一运到了咸阳。之后，秦始皇把这些兵器都堆在一起，让铁匠们将它们全部熔化，铸成大钟和钟架，又铸成了十二个铜人。

铜人都有千石重，全部放在了宫中。

秦始皇又发现，原来七国的度量衡都不一样，使用起来非常不方便，于是下令统一全国的法制和度量衡。此外，他还把各地的富豪十二万户都迁到都城咸阳，集中起来统一管理和控制，防止他们造反。

做完这些之后，秦始皇没有忘记把自己统一七国的丰功伟业记录保留下来。他在渭水南岸建造祭祀祖先、神佛的宗庙等处所和章台宫、上林苑都。而且，秦始皇每征服一个国家，就摹画、仿照该国的宫室，在咸阳城北的山坡上同样建造一座。如此一来，南临渭水，自雍门向东至泾水、渭水相交处，宫殿屋宇、天桥、楼阁相连接，颇为壮观。

第七章
秦始皇的帝王生涯

泰山封禅

秦始皇绝对是个闲不住的人。他在统一七国的第二年，也就是秦始皇二十七年（前220）①，就带着一批侍从出巡陇西、北地，到鸡头山后才回去。

之后，秦始皇在渭水南岸兴建长信宫，竣工后改名为极庙宫。从极庙宫筑路通到骊山，兴造甘泉宫前殿，修筑甬道连接咸阳，又以咸阳为中心筑驰道通往全国各地。修路的原因很简单，在出巡过程中，秦始皇发现各国之间的交通实在是不方便，而且很多路的路况太差。

秦始皇二十八年（前219），秦始皇出巡东部各郡、县，登上邹地的峄山，树立石碑赞颂秦朝的功勋业绩。之后，他又召集鲁地的七十名儒生，到泰山下商议封禅之事。

"封禅"，按字面意思理解，封就是祭天，禅就是祭地。皇帝去祭天祭地之后，就表示自己的皇位是上天赋予的，也就是君权神授的意思。

_____

① 此处沿用《史记》的纪年方法。秦王政称帝后并未更元，所以公元前220年不称秦始皇元年，而称秦始皇二十七年。

136

据说，当年齐桓公也想在泰山顶上封禅，但是管仲反对。管仲把自己了解到的到泰山封禅的人物一一列举出来，最后一个封禅的是周成王，就此管仲得出一个结论——只有受命于天的人，才可以搞封禅。齐桓公不服，他认为凭自己的功绩完全符合条件。管仲又提到，封禅前还会有很多灵异的事情发生，比如嘉禾蔚生、凤凰来仪等，但是这些异象在齐国都没出现过。听完管仲的分析后，齐桓公便放弃了封禅的想法。

为什么一定要在泰山呢？因为这是一项礼仪性的活动，当时对"礼"最有发言权的不是秦国，而是鲁国。鲁国是周公的后代，整个周王朝的礼仪基本上都是周公设计的。秦始皇要想继承正统，就必须到鲁国的泰山来。秦始皇敢于自称皇帝，敢于改革有着近千年历史的体制，但对这个"礼"字仍然不敢乱来。但是，封禅不是常规性的活动，当时很多人都知道有这件事，但谁也不知道封禅的具体程序。秦始皇认为，别人不知道有可能，但鲁国的儒生肯定知道，于是就有了把鲁国的七十名儒生请到泰山脚下研究封禅的事。

有的儒生说："古时候的君王封禅，用蒲草裹住车轮，不愿伤害山上的土石草木；祭祀土地时所使用的席都是用草编成的。"有的儒生不这么看。总而言之，大家的观点各不相同。秦始皇认为众人所说的很难实际施行，就让他们退下之后下令开通车道。随后秦始皇带着一行人从泰山南麓上到顶峰祭天，竖立石碑歌颂自己的功德，又从泰山北面顺道而下，到梁父山祭地。祭祀仪式采用秦国古时在雍城由太祝令主持的祭祀上帝的形式，而怎样封土埋藏却全都保密，后人完全无法获悉。

封禅过后，秦始皇随即又向东出巡沿海各地，祭祀名山大川及天、地、兵、阴、阳、月、日、四时八神，然后南登琅邪山，在那里兴致勃勃地逗留了三个月，还建造了琅邪台，立石碑颂德，表明自己得天下之得意。

求仙问道

作为开天辟地以来的第一位皇帝，秦始皇几乎拥有了古代君主能拥有的一切：锦绣江山有了，危及天下安全的兵器销毁了，后代的继承问题解决了，泰山封禅也举行了，似乎该做的事都做完了，可他仍然有些郁闷。这是怎么回事呢？

原来秦始皇遇到了古代君主都会遇到的终极问题——生老病死。人到中年的他十分害怕自己死掉，很想知道如何能够长生不老。很快，他的这个心思就被一些人准确地猜到了。

当初，燕国人宋毋忌、羡门子高声称世上有一种成仙之道、人老死后尸解骨化升天的法术，燕国、齐国的迂腐、怪异之士都争相传授和学习。从齐威王、齐宣王到燕昭王都相信了他们的话，派人到海上寻求蓬莱、方丈、瀛洲三座神山。据说这三座仙山位于渤海之中，距离人间并不遥远。只是凡人将要到达仙山的时候，神仙就会把船吹走。不过，也有人说自己曾到过仙山，而且看见了各位神仙和能令人长生不死的仙药。

等秦始皇出巡海滨时，通晓神仙方术的人，如故齐国人徐福等纷纷争着上书，请求准许他们斋戒后，率领童男童女前往海上寻求神山。秦始皇当然求之不得，就派徐福征集了数千名童男童女入海求仙。但是，船行海上后却因风势不顺返航了。

秦始皇一看，徐福他们这么快就回来了，以为自己是真命天子，所以神仙很快就显灵了，让徐福带回了长生不老的秘方。

哪知，徐福却说："风太大了，只能返航了。"看到秦始皇脸色突然变得难看，徐福赶紧补充道："虽然没有到仙山上去，但还是远远地看到了。"

求仙失败让秦始皇有点沮丧，但他还是踏上了返回咸阳的归途，途中经过彭城，秦始皇又举行斋戒、祈祷祭祀，因为他想要打捞沉没在泗水中的九鼎。遗憾的是，一千人潜入泗水寻找，结果毫无所得。

接着，秦始皇又向西南渡过淮水，到达衡山、南郡；再泛舟长江，抵达湘山祠。适逢当地大风，几乎不能渡过湘水。秦始皇问博士①道："湘君②是什么神仙啊？"博士回答："听说她（们）是尧帝的女儿、舜帝的妻子，死后就葬在这里。"秦始皇听后大怒，命令三千名被判刑服劳役的犯人将湘山的树木砍伐殆尽，使湘山裸露出赤红的土壤和石块。然后，秦始皇一行人从南郡经武关返回了咸阳。

博浪沙遇刺

秦始皇以为收缴了全部兵器，别人想杀他就没有办法了。但是，仍然有人想出了办法，这个人就是张良。

当时的张良还很年轻，没有后来那么响亮的名声。他出身于韩国官宦世家。祖父张开地在韩昭侯、韩桓惠王、韩襄哀王三代为相，父亲张平在韩釐王、韩悼惠王两代为相。由于张平英年早逝，张良并没有进入韩国政坛。韩国灭亡后张良顾不得埋葬死去的弟弟，尽散家产想为韩国报仇。

---

① 古代学官名。
② 湘山祠是祭祀湘夫人的。通常情况下，湘君指舜，湘夫人指尧的两个女儿、舜的妻子娥皇和女英。

在年轻的张良看来，杀掉秦始皇，才能报灭韩之仇。因此，他拿着大量的钱财，到处去找大力士，准备刺杀秦始皇。

很快，张良就找到一名力大无比的勇士，然后探明了秦始皇东巡的路线。之后，他亲自带着这名大力士在一个叫博浪沙的地方埋伏下来。

秦始皇二十九年（前218），秦始皇出巡东方，抵达阳武县的博浪沙时，张良让大力士手持铁锤袭击秦始皇。大力士手里拿了一把据说有一百二十斤重的大铁锤，听到张良的命令之后，马上把大铁锤向指定目标猛掷过去。

铁锤真的把目标所在的车砸得粉碎，里面的人当场毙命。张良很高兴，看来秦始皇这次真的死定了。哪知，他高兴得太早了。原来，秦始皇由于多次遭遇刺杀，早有防备，经常更换所坐的车。这次被击中的目标车只是秦始皇的副车，里面坐的是他的侍从。

张良不是笨蛋，知道自己这一锤失手了，后果很严重，只得抓紧时间逃离现场。秦始皇看到他的副车已经被砸烂了，想到如果这一锤准确地砸在自己的车上，自己肯定早死了，不由得大惊失色，马上下令抓捕刺客，可是张良早就逃得无影无踪了。

躲过这次意外之后，秦始皇并没有中断东巡，而是登上了之罘山，刻石颂德。不久，他又在归途中特意前往琅邪，取道上党回到咸阳。

修筑长城

秦始皇三十二年（前215），秦始皇又来到了碣石。他这次来除了继续刻碑颂德之外，还专门找来了故燕国人卢生。

卢生也是同徐福一样的方士，秦始皇交给卢生一个任务，要他去求访仙人羡门。卢生找神仙的排场不大，在历史上也远不如徐福那么有名，但他这次出海，对秦朝的影响还是很大的。

卢生出海回来后，直接去拜见秦始皇。

秦始皇以为他找到了神仙，卢生却摇摇头，随后献上了《录图书》。他对秦始皇特别强调了这本书的特殊之处，书中有一句话太吓人了，竟然写着"使秦朝灭亡的是'胡'"。

秦始皇一看，吓了一大跳。他本来觉得自己开创的大秦帝国应该有万万世。哪知，神仙却先预言大秦帝国日后的灭亡了。秦始皇赶紧把所有跟"胡"字有关联的事物都想了一遍，却仍然想不明白"胡"指的是什么。最后，他坚定地认为，"胡"肯定是指匈奴。

于是，秦始皇把大将蒙恬叫来，命他带三十万人到北方去攻打匈奴。

蒙恬接到命令后，便带军去了北方，把匈奴打得没有还手之力，收复了黄河以南的地区，并在当地设置了四十四个县。为了巩固来之不易的胜利，秦始皇又下令修筑长城。

长城西起临洮，直至辽东，绵延一万多里。对于当时的人们来说，可以算是十分艰巨浩大的工程了。这要耗费大量的人力、物力。但秦始皇要做，蒙恬就只能执行。蒙恬于是又领兵渡过黄河，占据阳山，迁徙百姓充实边县。蒙恬在北方驻守了十多年，以上郡为指挥部，一边监督修筑长城，一边盯着匈奴，不让匈奴人有什么动作。

安排完这事后，秦始皇开始了另一项工作，那就是对人口进行有序的迁移。

经过这些年到处出巡，秦始皇知道南方还有很多土地没有开发，大秦帝国的版图仍然有扩大的空间。于是，秦始皇三十三年（前 214），秦始皇把那些曾经逃亡的人、因贫穷而入赘女家的男子、商贩等都集中起来编入军队，然后把他们派到南方，成功夺取了南越之地，并在当地设置了桂林、南海、象郡等郡。这三个郡地广人稀，秦始皇便又从监狱里调集了五十万人到这些地方安置，与当地人杂居在一起。

大兴土木

秦始皇三十五年（前 212），秦始皇又派蒙恬负责开通大道，从九原直到云阳，挖掘大山，填塞峡谷，长达一千八百里。以当时秦国的人力、物力，做上面的这些工程，负担已经十分沉重了，可是秦始皇仍然觉得不满足。

秦始皇认为都城咸阳的人口过多，而历代先王营造的宫廷又太小，便命人在渭水南岸的上林苑中建筑宫殿。先修前殿阿房宫，东西五百步，南北五十丈，上可坐一万人，下面则能竖立五丈高的旗帜，周围是车马驰行的栈道，从前殿下直达南山，在南山的顶峰建牌楼作为标志，又建造从阿房宫到渭水，与咸阳城相接的栈道，以此象征天上的北极星、阁道星横越银河抵达营室星。

建造这些宫殿，最需要的就是人力。那时没有机械，全靠人的双手来工作。修筑宫殿的人又从哪里来呢？秦始皇早就有了计划。他把在宫中任职的官员和六国战败被俘的士兵七十多万人分成了两个部分，一部分被派去建造阿房宫，另一部分则到骊山建造他的陵墓（秦始皇虽然天天派人去找神仙，想从神仙那里得到长生不死药，可他并没有放弃修建自己的陵墓）。

这些工程不但需要人力，更需要大量的建筑材料。大秦帝国幅员辽阔，可采集建筑材料的地方很多。秦始皇派人到北山开凿石料，加工成套棺；到蜀、荆一带采伐木材。没过多久，这些材料就全部运到了。

秦始皇还专门统计了一下这些年来修建的宫殿：关中三百座，关外四百多座。数量之多，足以令人惊叹。

随后，秦始皇又在东海郡的朐县刻石，把它作为秦朝东大门的标志。

焚书坑儒

秦始皇三十四年（前213），左丞相李斯上书说："过去诸侯国纷争，以高官厚禄招徕游说之士。现在天下已定，法令统一出自朝廷，百姓就要致力于耕田做工，读书人就要学习法令规章。现在儒生不学习当代事务，只知一味地效法古代，并借此非议现实，蛊惑、扰乱民众，非难指责现行制度，并以此教导百姓。他们闻听命令颁下，就纷纷根据自己的学说、主张妄加评议，入朝时口是心非，出朝后便街谈巷议，夸饰君主以提高自己的声望，标新立异以显示自己的高明，煽动、引导一些人攻击诽谤国家法令。这种情况如不禁止，势必造成君主的权威下降，臣下结党纳派活动蔓延民间。唯有禁止这些才有利于国家！因此臣建议史官将除秦国史书之外的所有史书全部烧毁；除博士按职责收藏典籍外，天下凡有私藏《诗》、《书》、诸子百家著作的人，一律按期将所藏交到郡守、郡尉处，一并焚毁；有敢于私下谈论《诗》《书》的处死；借古非今的诛杀九族；官吏发现这种事情而不举报的与以上人同罪。此令颁布三十天后仍不将私藏书籍烧毁的，判处黥刑，并罚处修筑长城劳役的城旦刑。医药、占卜、种植这些实用的书不烧。如果想要学习法令，应以官吏为师。"

秦始皇下制令说："可以。"

条令一下，故魏国人陈余对孔子的八世孙孔鲋说："秦廷将要毁灭掉前代时的书籍，而您正是书籍的拥有人，这实在是太危险了！"孔鲋说："我所治的是一些看来无用的学问，真正了解我的只有朋友。秦廷并不是我的朋友，我会遇到什么危险呀！我将把书籍收藏好，等待着有人征收。一旦来征收，我也就不会有什么灾难了。"

这就是震惊世人的"焚书"运动。

不久之后，方士卢生又来找秦始皇了。他对秦始皇说："有一种方法可以躲避恶鬼，就是皇帝不时地暗中秘密出行。如果能避开恶鬼，神仙真人便会来到您的身边。希望您所居住的宫室不要让别人知道，之后您就可以得到长生不死药了！"

秦始皇一听，立马改了自己的称呼，直称自己为"真人"。为了不让别人知道他在哪座宫殿里居住，秦始皇又下了一道命令，把咸阳周边的二百七十座宫殿楼台全部用栈道、甬道连接起来，然后进行了一次大规模的装修。这些宫殿中安置了来自全国各地的美女，她们被要求固定住在某个地方，严禁到处走动。秦始皇到某座宫殿居住，也不得走漏风声。谁要是漏了风声，就处死谁。

有一次，秦始皇游至梁山宫，站在山上向远处望去，看到李斯从远处过来，排场很大，车马随从的队伍简直望不到边，内心非常不悦。于是，就有秦始皇身边的人偷偷去提醒李斯。李斯知道后，吓得不轻，立刻大大压缩自己随从的规模。

等秦始皇再次看到李斯的车队时，发现他的排场不再像以前那样大了，立刻知道肯定有人把自己不悦这件事告诉了李斯。连李斯都能轻易知道自己的行止，恶鬼肯定知道得更详细。

想到这里，秦始皇把身边的侍从都找来，进行了一次问话，可是谁也不承认做了这件事。秦始皇大怒，把游至梁山宫时所有在他身边的侍从都抓了起来，全部杀死。这样一来，就再也没有人知道秦始皇具体住在哪个地方了。

可大臣们必须知道秦始皇的住处，因为他们要向他汇报工作。大家找不到他，只得都到咸阳宫，等待秦始皇现身。

卢生看到自己把秦始皇忽悠得团团转，心里十分得意。他还有一个同行叫侯生，两个人觉得秦始皇很好忽悠，胆子便越来越大，说话也越来越没有约束，居然敢在私下讥讽秦始皇，还偷偷逃跑了。

这下子可捅了马蜂窝。秦始皇得知这个消息后，当场大怒："卢生等人，朕尊敬他们，并重重地赏赐他们，现在竟然敢诽谤朕！这些人都住在咸阳，朕曾派人去查访过，其中竟有人如此妖言惑众！"他立即下令有关部门把咸阳所有的儒生都抓起来进行审问。①

这些儒生为了保命，互相揭发，互相举报。没过几天，就抓到了四百六十多个"造谣"的人，秦始皇下令把这些人全部坑杀。

这就是著名的"坑儒"事件，与前面的"焚书"事件放在一起，合称"焚书坑儒"。这是中国文化史上一场残酷的浩劫。

坑杀儒生之后，秦始皇又把注意力放在大兴土木上，增派人手到各个

---

① 其实，这是秦始皇赤裸裸的迁怒，得罪他的是方士。也有观点认为，广义的方士包括儒生。

工程上，丝毫没有留意到他一手缔造的大秦帝国正岌岌可危。好在他的长子扶苏是个头脑清醒的聪明人。

扶苏规劝道："那些儒生诵读并效法的是孔子的言论，如今您全部用重法惩处他们，儿臣担心天下会因此变得不安定。"

秦始皇听完非常生气，便把扶苏派到了北方的上郡，让他去做蒙恬的监军。秦始皇本来是想让长子离他远一点，免得他天天在自己的耳边乱说。哪知，这个决定竟然在日后改变了秦朝的命运。

沙丘之变

秦始皇三十七年（前210）冬十月①，秦始皇开始了人生中最后一次出巡。按照计划，左丞相李斯陪同前往，右丞相冯去疾留守咸阳。秦始皇有二十多个儿子，小儿子胡亥最受宠爱，他要求随父亲一起出巡，获得了秦始皇的准许。胡亥没有想到，这次出行彻底改变了他的命运。当年的十一月，他们这支队伍来到云梦。

舜帝的坟墓就在云梦的九凝山上。秦始皇没有亲自登上山顶，而是选择了遥祭舜帝。然后，他率领一行人乘船顺长江而下，观览籍柯，渡过海渚，途经丹阳、钱唐，到达浙江边。因钱塘江潮波涛汹涌，秦始皇一行人便乘船向西行驶两百二十里，从富阳与分水之间的狭窄处渡江。之后，秦始皇登上会稽山，祭祀禹帝，遥望南海，刻石颂德。

然后，秦始皇一行人踏上归途，经过吴地，从江乘县渡过长江，沿海

---

① 秦国以十月初一为元旦，未改月序。

北上，抵达琅邪、之罘。旅途中，秦始皇看见大鱼，即发箭将鱼射杀。接着他们又沿海西行，到了平原渡口。

当船队来到平原渡口时，秦始皇病倒了，而且越来越重。最后，连他自己也知道，他是真的不行了，才命中车府令兼掌符玺事务的赵高写诏书给长子扶苏。诏书的内容是："参加丧事处理，灵柩到咸阳后安葬。"

原文是："与丧，会咸阳而葬。"

诏书写好后，就被收藏在了赵高处，没有及时交给使者。遗憾的是，秦始皇最终没能回到咸阳。秦始皇三十七年（前210）秋七月，秦始皇在沙丘平台驾崩了。而那封未及时送出的诏书改变了整个大秦帝国的命运。

第八章

秦二世的荒唐统治

逼杀扶苏

秦始皇一死，皇帝之位空缺，整个帝国的命运都掌握在左丞相李斯手中。李斯怕秦始皇驾崩的消息传出去会天下大乱，就与赵高及秦始皇宠信的几个宦官一起商定，先秘不发丧，等他们一行人进入咸阳，确立新皇帝的人选后再宣布。于是，他们将秦始皇的尸体放在温凉车中，由秦始皇的亲信宦官陪乘。一切都按照秦始皇生前的规矩来。每到一个地方，他们都要求当地官员提供食物，并在秦始皇的车外汇报各地的情况。车中则由那些亲信宦官接受地方官的奏章，并进行批复。

如果事情就这么继续发展下去，历史也许会是另一个模样。就在这个历史的重要关头，赵高打出了他的底牌。

此前秦始皇指定扶苏做继承人。现在扶苏在上郡做监工，而上郡帮扶苏掌管军事的是蒙恬。当初，秦始皇宠爱蒙氏兄弟，特别信任他们。蒙恬在外担任大将，蒙毅则在朝中参与商议国事，兄弟俩被称为忠信大臣，满朝文武没有人敢与他们一争高低。

现在，蒙恬是秦国军方最有分量的统帅，手下有三十万军队力量，连匈奴也不敢惹他。也就是说，一旦扶苏继位，蒙家兄弟必掌大权。而这是赵高不愿意看到的，这是怎么回事呢？

原来，秦始皇听说赵高办事能力很强，通晓刑法，便提拔他担任了中车府令，并让他教小儿子胡亥学习审理判决诉讼案。胡亥非常喜爱这位老师。而赵高曾经犯下大罪，秦始皇派蒙毅负责审查。蒙毅认为赵高依法应被处死，但秦始皇因赵高办事灵活而赦免了他，并恢复了他的官职。赵高从此恨上了蒙家兄弟。现在秦始皇驾崩了，要除掉蒙氏兄弟，唯一办法就是不让扶苏当上皇帝。

既然扶苏不行，那让谁当呢？胡亥。胡亥是赵高的学生，跟他关系最好。胡亥当皇帝，不听他的话，还听谁的话？赵高没几天就将一切算计停当：趁现在秦始皇驾崩的消息没有泄漏，伪造一份秦始皇的遗诏，然后快马加鞭送到扶苏的手上。内容很简单，也很恶毒：命令扶苏自杀，传位胡亥！

赵高先给胡亥灌输了这个阴谋，胡亥一想，虽然害死了哥哥，但自己能当上皇帝，就笑着答应了。但如果只是他们同意这样做，这事儿恐怕是做不了的。老谋深算的赵高说："这件事如果不与左丞相合谋，恐怕不能成功。"

胡亥惴惴不安，但赵高相信李斯会配合。赵高偷偷去找李斯，并对他说："皇上赐给扶苏的诏书及符玺都在胡亥那里，定立太子之事只在您和我口中的一句话罢了。这件事怎么办才好呢？"

李斯一点儿思想准备都没有，突然听到赵高说这样的话，便大声说："您怎么能够说这种亡国的话呀?! 此事不是我们这些为人臣子的人应当议论的啊！"

赵高听后一点儿也不生气，慢条斯理地说："您在才能、谋略、功勋、人缘、受扶苏信任五个方面，哪一点比得上蒙恬呢？"

李斯对权力的迷恋程度一点不比张仪等人弱，一旦发现自己的权力有被损害的可能，立刻就进入高度戒备状态。所以，刚刚还大义凛然的他立马像泄了气的皮球，老老实实地对赵高说："我不能跟他比。"

赵高一听，马上说："既然如此，那么只要扶苏继位，就必定任用蒙恬为丞相，您最终不能怀揣通侯的印信返归故乡的结局已经是显而易见的了！而胡亥仁慈忠厚，是可以担当皇位继承人重任的。希望您慎重地考虑一下，做出定夺！"

在利益面前，李斯难免利令智昏，他判断的标准就是，谁当皇帝对他有利，他就同意谁当。答案显而易见，李斯表示愿意支持胡亥。

两人设计好一套说辞，宣布他们收到秦始皇立胡亥为太子的遗诏，然后派人送给扶苏一份伪诏。他们在诏书里狠狠地谴责了扶苏一番，指斥他多年来不能开辟疆土、创立功业，使士卒大量伤亡，并且数次上书直言诽谤父皇，抱怨不能获准解除监军职务，返归咸阳当太子；又说将军蒙恬不纠正扶苏的过失，并参与扶苏的图谋。因此令他们马上自杀，将兵权移交给副将王离。

这份伪诏很快就送到扶苏手里。扶苏不知内情，以为这是父亲真的要他的命来了，接诏之后就哭着进入内室，打算结束自己的性命。

但蒙恬反对自杀，他说："陛下在外巡游，并未确立谁是太子。他派臣率领三十万军队镇守边陲，令您担任监军，这乃是天下的重任啊！现在仅仅一名使者前来传诏，我们就自杀，又怎么能知道其中不是有诈呢？！让我们再奏请证实一下，然后再自杀也不晚呀。"

那名使者一看大事不好，不断催促扶苏快点自行了断。

扶苏对蒙恬说："父亲赐儿子死，哪里还需要再请示查实呢?!"说完就自杀了。

蒙恬觉得自己的判断应该没有错，没有自杀。那名使者只得把他交给当地官员看管，关押在阳周，再任命李斯的一个舍人担任护军，才回去复命。

胡亥继位

胡亥做梦也没有想到，自己居然会成为秦二世。他认为，自己要当好皇帝，必须任用一些人才。蒙恬就是个人才，又能打匈奴，又会修长城。现在哥哥扶苏既然已经死了，自己登上帝位的障碍就算是清除了，便决定把蒙恬放出来。

可是，赵高谋划胡亥继位的目的，就是要把蒙家干掉，所以，他不同意胡亥的意见。恰逢蒙毅代替秦始皇外出向山川神灵祈祷后返回，赵高便对胡亥说："先帝很早就想立有才能的人为太子，可是蒙毅一直规劝他，认为不可如此。现在不如就把蒙毅杀掉算了！"胡亥一听，觉得对这样的人确实不能手下留情，于是下令把蒙毅抓起来，关在了代郡。

车队继续向咸阳进发。很快一行人就来到了九原。当时正值夏季，虽然他们做了很多防腐措施，但秦始皇的尸体仍然不断地腐烂，臭味越来越大。李斯等人怕别人起疑心，就大量收购鲍鱼，让鲍鱼的臭味来混淆尸体的恶臭。

好不容易，这支臭不可闻的皇家车队终于开进了咸阳。回到咸阳，李斯等人做的第一件事就是公布了秦始皇的死讯。接着，他们做了第二件事：拥立太子胡亥成为大秦帝国的下一任皇帝。

同年九月，秦始皇被安葬在骊山皇陵。秦二世命人把铜熔化后灌入地下，堵塞地下深处的水，又运来各种奇珍异宝，藏满墓穴。他还下令工匠制作带有机关的弓弩，遇到靠近墓穴的人，即自动射杀。墓室内用水银做成百川、江河、大海，墓穴顶部布有天文图，底部设置地理模型。后宫嫔妃凡未生子女的，全部陪葬。下葬以后，有人说工匠们制造隐藏的机械装置时，知道了其中的全部秘密，如果再让他们制造第二重机关，他们就会将其中的秘密泄露出去。于是，待安葬的大事完毕后，工匠也被尽数封闭在墓穴中。

安葬完父亲之后，秦二世开始处理政事。他很感激赵高，下令把蒙恬和蒙毅马上杀掉。

他的侄子子婴对他说："赵王迁杀李牧而用颜聚，齐国建杀先王时代的忠臣而用后胜，结果都亡了国。蒙家兄弟是大秦的重臣、谋士，陛下却打算处死他们。诛杀忠臣而扶立节操品行不端的人，在内会失去群臣的信任，在外会使将士们意志涣散啊！"

可是秦二世心意已定，根本听不进子婴的忠言，先处死了蒙毅。

蒙恬听说之后，说："蒙家自先人起直至子孙，在大秦建立功业和忠信已经三代了。如今臣领兵三十多万，虽然被囚禁，但麾下的势力仍然足以进行反叛。臣知道自己必死无疑却还是要奉守节义，是因为不敢辱没祖先的教诲，不忘先帝的大恩大德啊！"随即吞服毒药自杀身亡。

秦二世元年（前209）十月初十，秦二世宣布天下大赦。

同年春，秦二世东巡郡县，李斯随从前往。一行人到达碣石后，又沿

154

海南下至会稽。途中，秦二世将秦始皇过去所立的刻石全部加刻上了字，并在旁边刻上随从大臣的名字，以此表彰先帝的丰功盛德，然后返回。

同年四月，秦二世抵达咸阳，他对赵高说："人生如白驹过隙。朕既已经统治天下，就想要尽享朕喜闻乐见的全部东西，享尽朕心意中喜欢的任何事物，直到朕的寿命终结。您认为这行吗？"

赵高一听，脸上全是笑容，对秦二世说："这是贤能的君主能做而昏庸暴乱的君主不能做的事情。话虽如此，但现在时机未到啊！请让臣来陈述一下：沙丘夺权之谋，诸位公子和大臣都有嫌疑。各位公子都是您的哥哥，大臣又都是先帝任命的。如今陛下刚刚继位，这些公子臣僚正快快不服，恐怕会发生事变。臣尚且战战兢兢，生怕不得好死，陛下又怎么能够这样享乐呀！"

秦二世一听，一下子茫然了，那该怎么办啊？

赵高当然有办法。他对秦二世说："陛下应该实行严厉的法律、残酷的刑罚，如果有人犯法，您就采取株连的方式，这样就可以将大臣及宗室杀灭干净。然后收罗提拔剩下的百姓，使贫穷的人富裕起来，卑贱的人高贵起来，并罢免先帝过去任用的臣僚，改用陛下的亲信。这样一来，他们就会暗中感念您的恩德。如此，陛下就可以高枕无忧，纵情享乐了。再没有比这个更好的计策了！"

秦二世当然同意，随后就命赵高制定相关法律，务求严厉。群臣、宗室里无论谁犯了法，都交给赵高处理。于是，时间不长，就有十二位公子在咸阳街市上被斩首示众，十名公主在杜县被肢解而死。

没过几天，秦二世的三个哥哥将闾等人又被赵高抓住，关在内宫。秦二世派人向他们宣布，因为他们有不臣之心，其罪当诛，并派使者过去执行死刑。

将闾不服："在宫廷的礼仪中，我未曾敢不听从司仪人员的指挥；在朝廷的位次上，我未曾敢超越本分违背礼节；受皇上的命令应对质询，我未敢言辞失当。这怎么叫作不尽为臣子的职责啊？希望听你们说说我的罪过，然后我再去死！"

使者也很干脆，直接就说："臣并不了解其中的内情，只是奉诏书行事！"

将闾一听，知道自己这个弟弟杀起哥哥们来，是不需要理由的，就连捏造一个罪名都不肯花时间了。他大叫三声"天啊"，然后又大声说："我没有罪。"之后，三兄弟痛哭了一场，都拔剑自杀了。

公子高接连目睹了兄弟姐妹的惨剧，本来想逃跑，又怕自己跑了，整个家族的人都会被杀。他考虑再三，给弟弟秦二世上了一封奏书："先帝未患病时，臣一入宫便赐给臣饮食，出宫便令臣乘车。先帝内府的衣服，臣得到赏赐；宫中马厩里的宝马，臣也得到赏赐。臣本应跟随先帝去死，却没能这样做。作为儿子便是不孝，作为臣子便是不忠。不孝不忠的人是没有资格生存在世上的，因此臣请求随葬先帝，自愿被葬在骊山脚下，希望陛下垂怜。"

秦二世一看，心情大好，马上把赵高叫来，把这封上书拿给他看，并问他："这算是走投无路了吧？"

赵高说："作为臣子担心死亡还来不及呢，哪里能有空闲图谋什么造反的事呀！"

秦二世批准了公子高的请求，并划拨了十万钱作为埋葬费。

等这些潜在的威胁都被处理完之后，秦二世终于可以开心地享乐了。

他做的第一件事，就是继续修建之前没有竣工的阿房宫。

秦二世感觉自己仍然底气不足，于是他征调了五万善战的兵士到咸阳，还让他们都要学会射御。学习射御需要很多马和狗。不算五万士兵，就是这些动物每天都需要消耗很多口粮。秦二世怕供应不上，就下令从各郡县调拨粮食上来，把豆类、谷物、饲草、禾秆等送到京城。这样一来，又要花费好多人力、物力。秦二世怕运送的人一边运送粮草一边偷吃，就规定，运粮的人都得自带干粮，而且还严令，咸阳三百里内任何人都不能以任何理由动用这些粮草。

经过秦始皇前些年的折腾，百姓们已经疲惫不堪了。好不容易秦始皇驾崩了，哪知秦二世比他父亲更加残暴。于是，起义的烽火就在不知不觉中点燃了。

大泽乡的烽火

秦二世元年（前209）七月，陈胜和吴广带着九百多人，正紧急往渔阳方向行军。

这九百多人包括陈胜、吴广在内，都是贫苦人民，在当时被称为"闾左"。闾是当时最基层的单位，二十五户为一闾。有钱的人家在闾的右边，贫苦人都挤在闾的左边，故而被称为"闾左"。

有人认为，秦朝历来看重军功，当兵对于闾左来说应该是一件好事。实际在秦朝，去当兵绝对不能算是一件好事。上级发文下来，要求你某月某日一定要赶到某个地方当兵，你就一定得按时间到达。如果迟到了，你的脑袋可能就没了。

陈胜、吴广的这支队伍，接到命令之后就急忙往目的地渔阳赶。可是此时正好是雨季，道路都被冲毁了，即便抓紧时间赶路，也不能按时到达渔阳了。不能按期到达，等待他们的就是死亡。如果带头起兵反秦，可能会被前来镇压的官兵杀死。反正结局都是死，为什么不拼一拼呢？

　　陈胜、吴广经过反复讨论，觉得目前既响亮又实用的招牌有两个：一个是扶苏，一个是项燕。扶苏是秦二世的哥哥，他的名声向来很好，现在听说他没有罪，却被害死了。百姓都知道他是个贤明的人，却不知道他已经死了。项燕是楚国大将，他屡次立下功勋，又爱护士卒，楚国人都很尊敬他。楚国灭亡后，有人认为他死了，有人认为他逃跑了。

　　陈胜和吴广把扶苏和项燕抬出来，就是因为他们两人在百姓中有很高的声望，借用他们的名义会更有说服力。

　　计划做好之后，两人决定去占卜。占卜师知道他们的意思，就说："你们要做的事，肯定能成功。不过，你们为什么不拿鬼来利用一下呢？"

　　两人一听，都是大喜，决定利用"鬼"来搞个把戏。他们找来一块绸布，然后用朱砂在上面写了三个字：陈胜王。然后他们偷偷把绸布塞进鱼肚子里，和其他鱼混在了一起。

　　等到有人买了这些鱼要吃的时候，突然发现有条鱼的肚子里有一块绸布。打开一看，上面写着"陈胜王"三个大字。大家都感到奇怪。

　　吴广觉得这样的力度还是不够，必须再强化一下。于是，他悄悄跑到边上的一座破庙里，在里面潜伏了下来，等到天黑之后，他在破庙旁边点着火。然后，他刻意模仿出狐狸的声音，冲着营地大喊起来："大楚兴，陈胜王。"大家都被惊动了，觉得很害怕。

　　第二天大家醒来，谈论纷纷，都望着陈胜。陈胜形象突然高大起来，并且有了王者的气质。吴广绝对是位优秀的宣传部长和策划大师，陈胜的形象被他成功地打造了出来。

接着，吴广又按照计划，数次对两名喝得大醉的军官表示自己要逃跑。那两名军官一听，举起鞭子就往吴广身上猛打。大家一看，吴广只是说出了大家的心声，就被两名军官打成这个样子，不由得担心起自己的未来。而且，他们本来就跟吴广的关系很好，现在看到他被打，同情心便开始向愤怒过渡，大家脸上全是怒火。

吴广看到大家的情绪被调动起来，知道时机到了。于是，他突然站了起来，夺过一名军官的佩剑，干脆利落地把那名军官杀死了。这时陈胜也冲上来，协助吴广把另一名军官杀掉了。这两名军官做梦也没有想到，陈胜、吴广居然会在光天化日之下把他们杀死。

之后，陈、吴两人把所有人集中起来。陈胜大声宣布："现在我们碰上了大雨，再怎么加快速度也不能按时到达渔阳。如果我们硬着头皮过去，就等于是送死。即使侥幸没死，但在那里驻守边关，十之六七的人早晚也会送掉性命。与其这样窝囊地死去，不如死得轰轰烈烈。"最后，他用那句著名的话作为结尾："王侯将相，宁有种乎?!"

之后，陈胜自立为将军，吴广为都尉。他们最先占领的地方叫大泽乡，随后又占领了蕲县全境。

拿下蕲县之后，陈胜就派葛婴率军攻打蕲县以东地区。葛婴果然不负众望，一口气拿下了铚、酂、苦、柘、谯等地。

葛婴确实很干练，一边打仗一边开展征兵工作。等到陈地时，他麾下已经拥有了六七百辆战车、一千多名骑兵及数万步兵。陈地郡守和都尉都是怕死的人，很早就弃城逃跑了，只有守丞还带着一些人跟葛婴死磕。结果，守丞战死，葛婴几乎没费什么力气，就拿下了陈地。

陈胜、吴广这次起义的规模其实不算太大，但当时全国百姓都对秦朝的统治有颇多不满，很多人之前都在观望，等待时机。也就是说，秦朝当时已经变成了一个火药桶，只等谁来点燃导火索，就会马上全面爆炸。他们看到陈胜、吴广等人开始反抗后，便也跟着一起举起了反抗的大旗。

陈胜等人率领队伍进入陈地后，有两个人主动找上门来，他们都是故魏国人，一个叫张耳，一个叫陈余。陈余和张耳很早就认识，交情非常好，据说是"刎颈之交"。他们都是坚决支持魏国抵抗秦国的人，在秦国灭掉魏国后，他们的名字也上了通缉名单：抓住张耳的，赏一千金；抓到陈余的，赏五百金。

两人知道自己上了通缉名单后，慌忙连夜外逃，一直逃到了陈地，并在这里找到了里正卫的工作。管理里巷的官吏曾经因陈余出了个小过失而狠狠地鞭笞了他，陈余当时气不过，想马上与那名官吏抗争，张耳赶忙踩住他的脚，让他接受鞭笞。待那个小官离开后，张耳将陈余拉到桑树下，数落他说："当初我是怎么对您说的？现在遇上一点小小的侮辱，您就沉不住气了，想跟一个小官吏拼命？！"陈余一听这话，瞬间冷静了下来，并为此道了歉。

秦国捉拿他们的通缉令不久也发到了陈地。两人是里正卫，负责里中的治安，因此需要天天拿着这些通辑令向大家宣传。这时看到陈胜他们打进陈地，两人很兴奋，知道时机到了。

于是，他们立刻跑到陈胜的驻地，报上自家的名号，请陈胜务必跟他们见一面。正好陈胜和他亲信听说过张、陈两人的贤名，只是没见过面。现在他们来了，陈胜大喜。当时，正好有很多人劝陈胜称王。陈胜见到两人之后，就征求他们的意见，问自己能不能称王。

两人都认为最好不要这时称王。他们说："秦王朝暴虐无道，兼灭别人的国家，残害百姓。如今您冒万死危险起兵反抗的目的，就是要为天下百姓除害啊！现在您才到达陈地，便要马上称王，这是向天下人显露您的私心。希望您不要现在称王，而是火速率军向西，派人去扶立六国国君的后裔，替自己培植党羽，以此为秦王朝增树敌人。秦王朝的敌人多了，兵力势必分散；我们联合的国家多了，兵力必然强大。这样一来，在野外时军队不必交锋，遇到县城时没有足够的士兵为秦王朝守城。您就有机会铲除残暴的秦王朝，占据咸阳，以此号令各诸侯国。灭亡的诸侯国得到复兴，您施德政使它们服从，您的帝王大业就完成了！如今只在陈地就称王，恐怕会使天下人的斗志松懈。"

这话其实说得很有道理，但陈胜并没有听进去。他否决了张耳和陈余的意见，自立为王，国号为"张楚"。

赵高专权

对于发生在大泽乡的起义，秦朝中央政府并没有太重视，觉得这只是一次小小的反叛，不用太过于在意。对于秦二世及赵高来说，及时享乐、掌控大权才是最重要的事情。

赵高通过发动沙丘之变进入权力核心之后，做了很多挟私报复的坏事，看谁不顺眼就杀谁。后来他为了杜绝别人到秦二世面前告自己的状，就找了个机会对秦二世说："皇帝之所以尊贵，就是因为只让大家听到陛下的声音，但不能让大臣们看到陛下的相貌。现在陛下还很年轻，对很多事的考虑未必到位。陛下天天坐朝，如果在某件事情上出了偏差，就等于把自己的不足之处暴露给大臣们看，大臣们就会觉得陛下一点儿也不英明了。所以，陛下以后应该待在宫里，让大臣们把奏议全部交到宫中来，您跟我们这些精通法学的人好好研究之后，再做出处理。这样一来，大臣们就会永远觉得陛下是位英明的君主了。"

秦二世一听更开心了，没有犹豫，立刻准奏。

之后，秦二世真的是连国家大事都不处理了。大臣们的奏章一到赵高这里，就都被处理掉了。于是，大权基本都掌握在赵高的手里了。大臣们见不到秦二世的面，都知道这是赵高搞的鬼，但谁也不敢出声反对，只能私下里发发牢骚。

这其中，李斯是牢骚最多的人。李斯的牢骚很快就传到了赵高的耳朵里。赵高现在谁都不怕，但对李斯还有一点儿忌惮。因为李斯属于元老级人物，德高望重，不但有水平，而且很有号召力。赵高不怕李斯有水平，而是怕李斯的号召力，所以他一定要把李斯拉下马。

于是，赵高直接去找李斯，一脸坏笑地对李斯说："左丞相大人，现在关东的盗贼（对起义军的蔑称）太多了，到处都在闹事。可是陛下却征调大批人手去修阿房宫，天天只想着吃喝玩乐，不管政事。小臣很想去劝陛下，可小臣的地位太低了，哪敢开这个口？您是左丞相，劝诫皇帝是您的职责，请您亲自去劝劝陛下吧。"

李斯一听，觉得赵高这话有道理，就对赵高说："您说得很对，我也很想当面跟陛下说这些话。可是现在陛下不坐朝，我连见他一面都难，哪能当面对陛下说什么呢？"

赵高说："左丞相大人如果真的敢去向陛下进谏，小臣可以帮您通报。

什么时候陛下有空，小臣就马上通知您。"

李斯一听，很是欢欣鼓舞，觉得有赵高配合这事肯定能成功，一点儿也没有提防赵高。赵高把前期工作做好之后，就进宫去找秦二世。眼瞅着秦二世玩儿得最开心时，他派人对李斯说："现在陛下有空，您可以来了。"

李斯怀着激动的心情跑到内宫求见皇帝。门卫向秦二世通报，但秦二世正玩到兴头上，根本不理。李斯继续求见，要求了很多次，把秦二世惹烦了。秦二世愤怒地大吼道："朕一天到晚很多时候都有空闲，丞相却不来见。现在朕正玩得高兴，他却偏偏坚持进来，是不是不尊重朕这个皇帝?!"赵高看到秦二世气得脸面发红，自己预期的效果顺利达到，就对秦二世说："左丞相大人曾经参与了沙丘之谋，为陛下立了大功。现在陛下当了皇帝，可他觉得自己仍然是左丞相，没有得到进一步的提拔，便很想割地称王。另外，还有一件事，如果陛下不问到左丞相，臣真的不敢说出来。左丞相的长子李由现在是三川郡郡守，而盗贼头目陈胜就是三川郡邻县的人。所以，当他们路过三川郡的时候，李由消极守城，没有主动出击。这不是故意放过盗贼是什么？臣还听说，他们之间书信往来很频繁，只是没有抓到物证，所以臣不敢向陛下汇报。总之，左丞相现在的权势很大，大到连陛下也比不上了。"

秦二世向来相信赵高，于是李斯的噩运到来了。

李斯被害

虽然秦二世向来糊涂，对赵高言听计从，但李斯毕竟是左丞相，他觉得还是需要有证据。于是，他派人去三川郡，侦查李由与盗贼（起义军）勾结的事。

李斯知道这件事之后，就知道自己上了赵高的当，秦二世要查办自己的儿子，完全是赵高搞出来的。他很着急，直接上书给秦二世，狠狠地揭发了赵高。他在奏章里罗列了很多相关事例，把赵高描绘成一个专权并包藏祸心的奸臣。

秦二世很快就收到了李斯的上书，看完后，秦二世说："这是什么话！赵高是宦官，从来没有做过什么胡作非为的事。朕认为他是一个可以信赖的人。先帝新弃天下，朕还年轻，您年纪又大了，而赵高年富力强，现在这个局面，朕不依靠赵高这样的人，还有谁可以依靠？朕再强调一次，赵高精明廉洁、强干有力，对下能了解民意，对上能领会朕心，左丞相就不要再无端地怀疑赵高了。"

李斯还是不依不饶，继续在秦二世面前诋毁赵高。

秦二世对赵高深信不疑，生怕李斯哪天把赵高悄悄杀死，于是把这事儿告诉了赵高。赵高对秦二世说："陛下，现在左丞相最忌惮的人就是臣了。如果臣被他除掉了，左丞相就会马上向田常学习，那么大秦就有很大可能要改名换姓了。"

赵高这里提到的田常，就是终结姜氏齐国，开辟田氏齐国的人。秦二世虽然糊涂，但对田常的故事并不陌生。所以，他对李斯更加厌恶了。

当时，关东的起义军闹得越来越厉害，秦军只得不断地征集关中的力量去对付他们。左丞相李斯、右丞相冯去疾、将军冯劫三人觉得再这样下去，秦朝真的危险了，又联名上书，痛陈一番："关东群盗同时起事，朝廷发兵进剿，被诛杀的人非常多，但是仍然不能止息。盗贼那么多，大多是兵役、水陆运输和建筑等事劳苦不堪，赋税太重的缘故。恳请您暂时让阿房宫停工，减少四方戍守边防的兵役、运输等徭役。"

秦二世十分生气，斥责道："所有能尊贵至拥有天下的原因，就在于能够为所欲为、极尽享乐，君主重在修明法制，臣下便不敢为非作歹，凭此即可驾驭天下了。虞、夏的君主，虽然高贵为天子，却亲身处于穷苦的实境，最终为百姓献身，这有什么可效法的呢?! 况且先帝由诸侯起家，兼并了天下。天下已经平定，对外排除四方蛮族以安定边境，对内兴修官室以表达得意的心情，而你们都是看到了先帝业绩的开创过程的。如今朕继位不到两年的时间里，盗贼便蜂拥而起，而你们不能加以禁止，又想要废弃先帝创立的事业，是上不能报答先帝，下不能为朕尽忠效力。你们凭什么占据着自己的官位呢?!"

把这三个人痛骂了一顿之后，秦二世把所有责任全推到了这三个人的身上。之后，秦二世便下令，把三人移送有司。冯去疾和冯劫知道，他们要是被移送有司，肯定会死得很惨，所以先服毒自杀了。

李斯不愿自杀，又觉得自己并没有犯什么罪，怀着侥幸的心理进入了监牢。当然，如果让别人来审问，李斯也许真的可以无罪开释。但秦二世亲自下令，让赵高负责这个案子。这也注定了李斯最终凄凉的结局。

赵高痛骂李斯与李由阴谋叛国，要推翻秦二世的统治。然后，他又下令把李斯的宗族全部抓捕起来。赵高十分推崇暴力，在审问李斯时，根本不讲话，只是狠命地打。狠狠地打了一千板后，李斯终于挺不住了，按赵高的意图招了供。

然而，李斯这时仍然抱有幻想，认为秦二世最后会放过他，又给秦二世上书。书中说："臣任左丞相治理百姓，已经三十多年了。当初秦国疆土狭小，方圆不过千里，士兵仅数十万，臣竭尽自己微薄的才能，暗地里派遣谋臣，供给他们金玉珍宝，让他们去游说诸侯，同时暗中整顿武装，整治政令、教化，提升敢战善斗的将士，尊崇有功之臣。故而终于能以此胁迫韩国，削弱魏国，击破燕国、赵国，铲平齐国、楚国，最终兼并六国，俘获了它们的国君，拥立秦王为天子。接着又在北方驱逐胡人、貉人，在南方戡定百越部族，以显扬秦王朝的强大。而且还改革文字，统一度量衡和制度，以树立秦王朝的威名。这些都是臣的罪状啊，臣早就应当被处死了！只是由于皇上希望臣竭尽所能，臣才得以活到今日。故望陛下明察！"

李斯希望秦二世看到这封上书后，念在自己劳苦功高的份上，放自己及自己的宗族一马。可惜，李斯完全小瞧了赵高的狠毒。到了这个时候，赵高能让这封上书落到秦二世的手中吗？根本不可能。

李斯的上书在交给有关人员之后，赵高就叫人丢掉了，还恶狠狠地说："一个罪人哪有权给皇帝上书？"

赵高又找来很多手下，让这些人冒充有关部门的官员，轮番审问李斯。李斯丝毫没有想到是赵高做的手脚。当这些人审问他时，他就把自己的案情如实地告诉了这些人。这些人审完之后，立刻回去向赵高进行了汇报。赵高一听，李斯居然还不服。不服那就继续打吧。于是，李斯又被一顿好打。

不久之后，秦二世派人过来，想验证一下赵高送上去的那份李斯的认罪书是否准确。李斯被打怕了，害怕这些人又是赵高派来的，就一脸老实地全盘承认了下来。李斯哪里想到，这一次的承认是致命的。秦二世一看，李斯都供认不讳了，就笑着对大家说："要是没有赵高，朕就要被左丞相大人欺骗了。"

当然，秦二世并没有立刻要了李斯的命，而是派人先去把李由抓回来。哪知，李由这时已经被"盗贼"抢先杀了。赵高很清醒，知道李由被杀的事传出去，李斯就死不了了。于是，赵高加班加点捏造了李由谋反的证据，然后将这些证据与李斯的罪状合起来，数罪并罚，宣布对李斯执行腰斩，地点就定在了咸阳的街市上。

李斯从监狱里被押解出来，跟次子一起走上刑场。他知道这一次自己是死定了，就转过头对次子说："我真想和你再次牵着黄狗，共同出上蔡东门去追逐狡兔，但哪里还办得到啊！"

最终，李斯被赵高杀死，三族尽灭，所有大权都掌握在赵高的手中。赵高当上了丞相。

第九章

乱世又来

各地起义风起云涌

如果说仅仅是陈胜和吴广两个人的反叛问题，对于秦朝而言并不怎么可怕。但在陈胜、吴广起义之后，全国各地都有人陆续举起义旗，而且有越闹越大的趋势。

当时，秦朝有一项巡视制度，具体来说，就是不断派人到处巡视，然后回来向皇帝汇报。那些从东方回来的巡视人员，把各地起义的事向秦二世进行了详细的汇报。秦二世听到后大怒，下令把这些巡视人员都移交有司，从重处理，以此警告那些唱衰秦朝的人。这样一来，其他巡视人员回来交差的时候，都不敢说不好的内容，只说一些冠冕堂皇的好话。

秦二世听完这些话自然很舒服，接着问是不是还有其他事情发生。

巡视人员不敢说实话，只能委婉地说："其他的都是一些类似偷鸡摸狗的小事，当地政府都已经处理好了，哪用得着陛下操心？"

秦二世一听，更加高兴了。既然秦二世不愿意管这些事，陈胜的事业自然更加壮大了。他任命吴广为代理楚王，带着队伍向荥阳进军。

张耳和陈余又劝说陈胜，现在赵地空虚，可以马上派一支奇兵突袭。

陈胜觉得两人的话有理，但他并没有任命张耳和陈余为主将，而是让他的好友武臣担任了这个职务，让张耳和陈余做武臣的助手，带着三千人去攻打赵地。

这时陈胜的事业越来越兴旺、发达，但其早期的助手葛婴倒了大霉。葛婴倒霉并不是因为碰到高手，相反他打得十分顺手。他在陈胜进入陈地之后，就带着队伍出发了，这时已经到了东城。如果葛婴继续带着队伍进军，那么什么事也不会发生。可是，葛婴在东城发现了一个叫襄强的人，是楚国贵族的后代。他这时的想法跟张耳、陈余一样，觉得六国诸侯后代是可以利用的人，于是就拥立襄强当了楚王。

哪知，葛婴才立襄强为楚王没几天，就传来了陈胜已经自立为楚王的消息。葛婴知道自己搞砸了，急忙把襄强杀掉了。他当然知道，光杀掉襄强是解决不了问题的。于是，葛婴急忙跑到陈胜那里，当面做了深刻的检讨。

无论葛婴的检讨怎么深刻，也比不过陈胜对他的恨。没过几天，陈胜就找了个借口，把葛婴杀了。对于葛婴的死，陈胜并没有太伤心，因为他又发现了一个人才，这个人叫周文。陈胜任命周文为将军，让周文带着主力部队向西进军，目标是咸阳。

另外一边的武臣等人从白马津渡过黄河，之后分到各县，劝说当地有声望的人士加入他们。地方人士纷纷响应，武臣等便沿途收取兵众，迅速聚集起数万人，武臣自号为"武信君"。

武臣的队伍接连攻下原来赵国的十几座城池，但其他城市都固守不降。于是，武臣便率军向东北进军攻击范阳。范阳人蒯彻劝武臣说："您的策略是必须先打胜仗，然后才扩大地盘；先进攻得手，然后才取得城池。

我认为这是错误的决策。您如果听从在下的计策，就可以不进攻，便使城池投降；不作战，便能夺取土地。传送一篇征召、声讨的文书，便可使千里之地平定，您想试试吗？"

武臣说："先生说的是什么意思？"

蒯彻说："范阳县令怕死且贪得无厌，他肯定想在别的县之前投降。您若单纯地因为他是秦朝所任用的官吏，就像杀戮前面那十城的秦朝官员一样马上杀了他，那么边地所有的城池都将固若金汤，无法攻克了。假如您命在下拿着君侯印信，授给范阳县令，使他乘坐王侯显贵所乘的车子，驰驱在燕、赵之地的城外，那么燕、赵故地的城市就可不战而降了。"

武臣说："就这么办！"随即拨给蒯彻一百辆车、二百名骑兵，命其带着君侯的印信亲自去迎接范阳县令。这个方法果然有用，燕、赵故地风闻此消息后，不战便举城投降的就有三十座城池。

消息传来，陈胜觉得秦廷不堪一击，就放松了警惕。孔鲋劝陈胜不可大意，说："臣听兵法上说：'不能依靠敌人不来攻我，而是要仰仗我不可以被攻打。'如今您凭借敌人不来进攻，而不依靠自己设防从而不怕为敌所攻，一旦遭遇挫折不能奋起，后悔就来不及了。"陈胜被接连而至的胜利冲昏了头脑，并不打算采纳孔鲋的忠言。

武臣一路势如破竹，周文开始时也很顺利，他带兵来到函谷关时，部队规模已经十分庞大——"车千乘，卒数几十万"。之后，他在戏亭驻扎了下来。

秦二世接报后，这才觉得问题严重了，急忙把群臣召集起来商议对策。少府章邯说："盗贼已临城下，人多势强，现在征调附近各县的军队抵抗已经来不及了。不过，之前在骊山服营建劳作的夫役很多，请您赦免他们，并授给他们兵器去迎击敌军。"

秦二世觉得这是个好办法，下令大赦天下。之后，章邯带着文件来到骊山工地，向大家宣布，免除骊山的刑徒、奴婢所生之子不能充当士兵的限制，将他们全部征发去攻打张楚的叛军。等集结完成后，章邯带着这支从骊山临时征集的大军，与周文大战。周文不敌，只得逃跑。

张耳和陈余这时来到邯郸，听说周文的大军已经被章邯的部队打败，又听说为陈胜攻城略地的将领们很多都因为谗言被杀，知道陈胜的事业已经没有什么前景可言了。于是，他们就劝武臣自己称王。秦二世元年（前209）八月，武臣自立为赵王，任命陈余为大将军，张耳为右丞相，邵骚为左丞相。他自立为王之后，便派人向陈胜报告了这件事。

陈胜接到这个消息后，十分生气，准备下令把武臣的所有家属都杀掉，然后再派兵去攻打武臣。柱国蔡赐急忙对陈胜说："秦王朝尚未灭亡，您就杀武臣等人的家族，这是又一个秦王朝复生啊。不如趁此机会，庆贺他为王，令他火速率军向西攻秦。"

这一次，陈胜听从了蔡赐的话，派人去把武臣的全部家属都带到宫中软禁了起来，封张耳的儿子张敖为成都君，派使者前去祝贺赵王继位，催促他赶快发兵，向西进入函谷关。

张、陈两人知道陈胜的做法后，都劝武臣："您在赵地称王，并非楚王陈胜的本意，所以他祝贺您称王，不过是个权宜之计。一旦楚国推翻了秦朝，必定要发兵攻打赵国。因此，我们希望您不要向西出兵，而是领兵往北攻占燕、代故地，向南收取河内，以此扩大自己的地盘。这样一来，赵国南面可以扼守黄河，北面有燕、代旧地作为声援，张楚即便战胜了秦朝，也肯定不敢制约赵国。张楚如果不能战胜秦朝，赵国的分量就必然加重。如此，赵国乘秦、楚两家疲惫衰败之机崛起，就可以施展自己的抱负，一统天下了。"

武臣深以为然，决定听从张耳和陈余的建议，只是收下陈胜的祝贺，并不听从他的命令，反而派韩广攻打燕地、李良攻打常山、张黡攻打上党，唯独没有派兵向西进军。

此时，各地都纷纷响应陈胜，到处都是起义的队伍。当然，这些队伍都打着楚国的旗号。一时之间，楚地数千人为一支的军队，数不胜数。

在这片起义的浪潮中，有两个历史上著名的英雄人物开始登上了历史舞台，他们就是刘邦和项梁。

刘邦起兵

秦二世元年（前209）九月，沛县人刘邦在沛县起兵，下相人项梁在吴地起兵，狄人田儋在齐国旧地起兵，他们一起成了后期抗秦的主力队伍，对于秦国最后的灭亡做出了巨大的贡献。下面先来看刘邦。

刘邦，字季，沛县人。据史书上的记载，刘邦高鼻梁，眉骨突起，左大腿上有七十二颗黑痣。他对人友爱宽厚，乐善好施，心胸开阔，素来有远大的志向，不安于日常的生活。

有一次，刘邦去参加一个活动。活动的主持人就是后来为刘邦的事业做出突出贡献的萧何。在大家拿着封包按顺序排队入场时，萧何大声宣布道："封包不满一千钱的，都需要到堂下就座。"

刘邦听到后很郁闷，他现在的工资连平时的酒钱都快不够花了，哪里会有这么多钱？刘邦转念一想，反正自己进去的机会渺茫，索性大吹一通，能进去最好，如果不能，也算是过过嘴瘾了。于是，刘邦对门卫说："我打算给贺钱一万。"

门卫一听，看着刘邦穿得破破烂烂的，没想到是个大财主，赶忙进去把这件事通报给了活动的组织者吕公。吕公听完，也有点坐不住了，急忙亲自出来迎接刘邦。吕公有个特长，那就是精通看相，他出来看到刘邦的相貌后，就觉得这个人的面相和相书上讲到的最富贵的面相一模一样。当然，他也看出来，刘邦现在很穷，那一万钱肯定是吹牛。但是，因为刘邦的面相实在是太好了，所以吕公仍然恭敬地请刘邦进去，并打算请他到上座的位置就座。

萧何看到刘邦被请了进来，对吕公说："他就是个忽悠人的无赖，什么事也做不成，您不要信他。"

但是，吕公只相信自己的眼睛。等活动差不多快结束的时候，吕公暗暗示意刘邦留下来。之后，吕公对刘邦说："在下这辈子帮人看过的面相太多了，但从来没有人的面相比得过你。你要好好珍惜你的面相带给你的福气。在下认为，你以后肯定会发达，所以决定把女儿嫁给你，不知道你是否愿意？"

刘邦一听，当然十分高兴，现在的他穷得什么都没有，吕公不仅说他日后会发达，还要把女儿嫁给他，哪里去找这种好事呢？当然是满口答应。吕公很高兴，但吕公的老婆很不高兴。她发现刘邦满身痞气，穿得很寒酸，看上去什么本事也没有。所以，她坚决不同意这门婚事。

吕公想了想，还是坚持了自己的看法，硬是把女儿嫁给了刘邦。吕公的女儿就是后来的吕后，她为刘邦生下了汉惠帝刘盈和鲁元公主。后来，刘邦当上了亭长。

亭长当时最重要的工作，就是不断地把服徭役的人送到都城咸阳。刘邦之前已经送了好几批，每次都能顺利地完成任务。有一次，秦始皇出巡时，刘邦正好在咸阳。为了显示自己的强大，秦始皇常常公开出行，让大家在旁边看着他威风凛凛地从大街上通过。刘邦亲眼看过了秦始皇的排场后，觉得十分震撼，当场就说："嗟乎，大丈夫当如此也！"

回去后，刘邦继续自己亭长的工作，但是因为工资太低，所以他常常请假，带着老婆孩子回家耕作。他知道，只有自己升官，才有可能生活得更好。可惜，他做亭长很长时间后，还是没有升官，过得依旧贫困。这次，刘邦领了和之前相同的任务，把一批服徭役的人送往骊山。哪知，才到半路，人就跑了一半。刘邦想，要是按照这个速度，估计到骊山时，就只剩下他一个人了。于是，到丰西的大泽时，刘邦决定不去骊山了。

陈胜、吴广决定不去渔阳的时候，策划了史上有名的农民起义；刘邦决定不去骊山的时候，心里是没有一点儿造反想法的。刘邦决定不去骊山之后，请所有人过来，一起大吃了一顿，然后喷着酒气对大家宣布："你们干脆都逃跑算了，我也不想当这个亭长了。"

大家一听，当然坚决拥护刘邦的决定。于是，大多数人都逃跑了，但仍然有十多个人决定跟随刘邦。刘邦本来就是一个很讲义气的人，一看居然还有这么多人跟着他，也不好让他们离开，只得走一步算一步。

刘邦派一个人去前面探路。这个人走了没多久，便拼着命跑回来向他报告："前面不能走了，有一条巨蛇正卧在路中间。"

刘邦一听，大喝："只是一条蛇而已，男子汉大丈夫怕什么蛇？"于是，他浑身酒气地拔出宝剑，向前走去，不久，果然看到大路上有一条巨蛇盘在那里。刘邦晕晕乎乎地大步上前，挥起宝剑，猛地向巨蛇砍去。巨蛇被砍成了两截。之后，一行人又走了几里路，刘邦酒力发作，倒在地上睡着了。

本来砍死一条蛇，算不得什么大事。令人惊讶的是，不久之后有人经过这个地方，看到一个老人坐在那里哭。大家问她："您为什么哭得这么伤心？"

老人说："有人杀了我的儿子，我是在哭我那可怜的儿子。"

大家问："您的儿子为什么会被杀呢？"

老人说："我的儿子是白帝的儿子，他变成一条白蛇盘在路上。后来，赤帝的儿子把他杀死了。"

大家一听，就觉得老人在撒谎，打算细细盘问一番。可是转眼之间，老人居然不见了。

大家一看都傻眼了，他们看到白蛇被砍成两半死在一边，刘邦手里握着宝剑睡在一旁。这时，刘邦也醒了过来，大家把这件事告诉了他。

这就是有名的"斩蛇起义"。把自己杀死一条蛇的普通事件，与白帝、赤帝的神仙故事捆绑在了一起，表示自己是上天注定的秦朝掘墓人，这个做法虽然不如陈胜、吴广的生猛，但这个经历更有广告效应，在普通人中传播得更广一些。

之前，秦始皇听人传说，东南地区上空有天子气，非常不开心。天子气只能由他们一家垄断，哪能容忍其他地方也出现天子气呢？所以，哪个地方出现天子气，他就必定要打压哪个地方。秦始皇那段时间经常出巡东南地区，想用自己真天子的气场去压制那个所谓的天子气。

天子气的说法传播得很广，刘邦自然也很清楚。现在，他想起事，就必须把这个说法跟自己联系起来，让大家认为天子气就是在他刘邦身上。

他带着那帮人跑到山里，别人要找到他十分不容易。但是，他的老婆却很容易就能发现他。

刘邦觉得很奇怪，就问她原因。

老婆回答："你住的地方上空有一团云气，我一看到这团云气，就可以马上找到你了。"

这话很快就传开了，人们都认为，刘邦身上有天子气。这种说法很荒诞，但在当时还是很有影响力的，很多人都是因为这一点才下定决心归附刘邦的。

等陈胜、吴广起义爆发后，各地也纷纷杀死官吏响应。沛县县令一看，就觉得形势有点不大妙了。于是，他急忙找来萧何和曹参，问他们应该怎么办。萧何和曹参对县令说："您身为秦朝官吏，现在想要背叛朝廷，率领沛县百姓起义，恐怕他们不会听从您的号令。希望您把那些逃亡在外的人召集起来，这样就可以聚集数百人，众人便不敢不服从了。"

县令一听，觉得这是个好办法。于是，他派樊哙去找刘邦，让刘邦带着他的队伍来沛县。萧何、曹参、樊哙这几个人向来跟刘邦关系不错，就暗自决定把刘邦请来当首领。

沛县县令后来仔细想了想，又后悔了，他决定不跟刘邦合作了。于是，当刘邦带着一百多人来到城外时，樊哙去叫门，但城门并未打开。县令看到刘邦的人马虽然不多，但个个都很威猛，更加害怕起来。而且，他怕萧何、曹参他们跟刘邦来个里应外合。于是，县令又制订了个杀萧何、曹参的方案。但这两个人机灵得很，一看县令不开门，马上就想到估计接下来自己就要被杀了，因此赶在县令抓他们之前，偷偷翻越城墙投奔刘邦了。

　　刘邦一看，县令最得力的助手都逃了出来，县令还能有什么可怕的？而且既然决定结束游击生涯来到城下，哪里还能再回去？于是，他写了一张传单，绑在箭头上，射到城里，传单上写的是："天下苦秦久矣。今父老虽为沛令守，诸侯并起，今屠沛。沛今共诛令，择子弟可立者立之，以应诸侯，则家室完。不然，父子俱屠，无为也。"

　　意思是说，现在天下受到秦朝的折磨已经太多太久了，大家都想起来打倒大秦帝国。现在各位父老乡亲都在帮县令守城，可是等诸侯大军一到，就会屠城。所以，你们应该团结起来，看清形势，先把县令杀了，然后再选新的首领，响应诸侯。这样一来，大家还可以保住自己的家庭。否则，等真的乱起来，全家都有可能死光。这样，还有什么意义呢？

　　本来城里百姓的情绪就很不稳定了，看到这个传单后就明白了，县令是靠不住的，便一起把县令的头砍下来，然后打开城门，迎接刘邦进城。

　　刘邦带着一百多人的队伍就这样占领了沛县。刘邦表示："现在天下大乱，如果选不好领导，将会败得一塌涂地。我的能力恐怕不足，应该让更合适的人来当这个县令。"但其他人都有各自的顾虑，于是都推辞起来，一致要求由刘邦来当这个领导。

　　刘邦又推辞了几次，最后才同意当沛县县令。刘邦自称为沛公，祭祠黄帝及蚩尤于沛庭，选择红色为旗帜的颜色。

项梁举事

　　与刘邦几乎同时举事的另一个牛人叫项梁。与陈胜、吴广、刘邦等人不同，项梁可是正经的贵族。当然，楚国灭国后，他家道中落，只能自谋生路。这时项燕儿子的身份反而成了他的累赘,年轻时就被秦廷通缉(一说因为杀人),只能带着侄子项羽跑到吴中躲藏。

作为项燕的儿子,项梁最大的愿望就是为父亲报仇,为大楚复国。他希望项羽以后成为他的得力助手,因此在项羽年幼时,就注意对他开展各种教育。开始项梁很想叫项羽好好读书,哪知,项羽拿到书没几天,就不愿意再去上学了。

既然不是读书的料,那就练武吧,以后上战场杀敌也是可以发挥很大作用的。于是,项梁就让他学剑术,可项羽学了几天,又觉得即便剑术学得再精,如果真的上战场,估计也杀不了多少人。于是,项羽又把宝剑丢开。

项梁一看,侄子什么也不想学,但自家可是楚国的贵族,哪能如此不求上进?项梁便把侄子大骂了一顿,可项羽却一点不在乎,对叔叔说:"识字写字,记名姓就行了!学剑也不过是只能抵挡一人,不值得去学。我要学就学那可以抵抗万人的本事!"

项梁一听,觉得项羽还挺有想法,就教他学兵法。项羽一看,这比剑术强多了,就开始跟叔叔学兵法。可他只学了个大概,就不肯再钻研下去了。

侄子的不求甚解让项梁头疼,而项梁在吴中的威望越来越高,人气越来越旺。大家做什么事,基本也都请他出来主持。项梁就一边帮大家办事,一边暗中组织当地的青年人,以兵法为指导思想,指挥他们进行各类集会活动,为以后的起义举事做好充分准备。

有一次,秦始皇到会稽视察时,项梁和项羽都偷偷前去观看。大家看到秦始皇的排场大得吓人,个个都庄严肃穆地行注目礼。之前,刘邦看到这种排场时说了一句"大丈夫当如此",项羽只是微微一笑:"彼可取而代之。"听到这话,项梁急忙捂住了项羽的嘴巴。虽然动作是阻止的,但项梁心里很高兴。因为杀掉秦始皇,推翻秦朝的统治,恢复楚国,一直是他的终极目标。虽然现在秦朝很强大,但他相信机会总是有的。

机会终于来了。陈胜、吴广在大泽乡揭竿而起,各地纷纷响应,周文打到函谷关,武臣攻略燕赵之地。可见秦朝真的气数已尽,此时不动手,更待何时?

连会稽郡守殷通也看出来,秦朝真的要完蛋了。于是,殷通决定顺应历史潮流,起兵响应陈胜。但做决定很容易,实际上这件事并不容易开展。殷通先对自己的本事评估了一下,上战场是万万不行的。他再对手下人考量了一番,要是让他们带兵打仗,大概率也只会打败仗。于是,殷通只得把目光投向了项梁。

殷通把项梁找来,对项梁说:"现在长江以西的城池全部造反了。看来老天爷真的要叫停秦朝的统治了。我们必须认清形势,把握好机遇,才能抓住主动权。否则,咱们以后就都得看别人的脸色办事了。现在我决定起兵反秦,想请您和桓楚统军。"

殷通对当前的形势看得很透,他对项梁却一点也不了解。项梁看到楚国旧地到处是造反的旗帜,老早就想出来大干一场了,只是苦于没有自己的武装力量。这时看到殷通主动找他举事,可真是正中下怀。

项梁对殷通说:"桓楚现在正逃亡在外,别人都不知道他藏在哪里,要马上找到他比较困难,只有项羽知道他在哪里,我到外面问一问他。"

其实,项梁并没有打算问项羽关于桓楚的踪迹,而是和项羽说机会来了,让他做好杀人的准备。然后,项梁又回来跟殷通一起坐下,说:"项羽果然知道桓楚在哪里。如果您同意让他去找桓楚，我就去叫项羽进来，让他当面接受任务。"

殷通说："好吧。"

项梁就到外面去找项羽过来。当然，项梁叫项羽进去不是去接受殷通布置的任务，而是去完成他布置给项羽的任务，那就是杀了殷通。两人商量好计策，项梁悄悄对项羽说："可以行动了。"项羽听到叔叔下达命令，立刻拔出宝剑，上前砍翻了殷通。

之后，项梁上前抓起殷通的头，再把郡守的公章搜出来，挂在自己的身上，大步走了出去。外面的人哪里见过这种场面，一下子都慌了神。项羽乘机大开杀戒，一口气杀了一百多人。剩下的人都吓得趴在地上，不敢再起来。项梁看到这些人都怕了自己，威信已立，便把自己原来的熟人叫来，向他们宣布了自己的决定：造反起事！

在场的人没有不同意的，因为项家是楚国的贵族，这块招牌是他们的固定资产，号召力远比陈胜等人强多了。再加上项氏叔侄长期以来一直盘算着起义，老早就制订好了方案，前期准备工作做得很充分，知道下一步该怎么做。

项梁除掉殷通后，立刻开展征兵工作，最后一共召集了八千多人。

那些原来跟项梁谈得来的人，都成了军中的将领。只有一个人什么职务也没有，他很不服气，就来找项梁理论。项梁说："有一次，我帮人家主持丧事，让您去办一件事，您没有办成。所以，我现在不给您安排职位。"

大家一听，原来项梁还真的是量才录用，光跟他有交情，没有水平，他也不会重用，于是对项梁更加忠心耿耿了。之后，项梁宣布就任会稽郡守，让项羽当副将，两人迅速占领了会稽各县。

谁都想当王

这时，大家看到楚国的招牌很好打，可再怎么好打也只是在江南这一带有效果。于是，有人动了另外的心思。比如，田儋觉得自己是齐国王室的后裔，就应该打齐国的招牌。

田儋有几个堂兄弟，也很有才能。其中有两个，一个叫田荣，一个叫田横，都实力雄厚，家族强盛，颇能博得人心。跟项梁一样，田荣和田横两人也很早就到处结交朋友，手下有一大批死党。看到反秦之火到处在熊熊燃烧，他们认为，自己再不出来，以后就没有机会了。

于是，等楚将周市带兵巡行到狄县时，狄县闭城固守，田儋知道，他的机会来了。田儋假意将奴仆捆绑起来，让一帮年轻人跟着他来到县衙门，想要进见县令，报请准许杀奴。待见到狄县县令时，田儋便趁势击杀了县令，随后召集有声望有权势的官吏和青年说："各诸侯都反叛秦朝自立为王了。齐国是古时候就受封建立的国家。我田儋是齐王田氏族人，应当为齐王！"

之后，田儋自封为齐王，发兵攻击周市。周市的军队退走，田儋随即率军向东攻取、平定了齐国旧地，势力发展得十分迅速。

此时，除了田儋之外，别的人基本都是承认陈胜的"领头羊"地位的，所以个个都打着他的旗号，连项梁也是如此[①]。可现在陈胜能直接指挥的人却没有几个了。比如，武臣称赵王之后，听从张耳、陈余的话，避开同秦兵主力的接触，只是一味地扩大自己的领地，势力不断壮大。武臣现在很想把燕国故地也纳入自己的版图，于是就派韩广去攻燕地。

---

① 项梁接受了召平以陈胜名义发来的任命，成为张楚政权的上柱国。

韩广没费什么力气，就把燕地拿下来了。燕地的豪强便劝韩广称燕王。

韩广有顾虑："我的母亲还在赵国。我要是当这个燕王，他们就会把我的母亲杀死。"

可那些人一点儿不担心这个问题，对他说："赵国正担忧西面秦国的威胁，忧虑南面楚国的威胁，根本阻止不了我们了。况且楚国那么强大，也不敢杀害赵王将相的家属，难道赵国就敢加害您的家属吗？！"

韩广一听，觉得有道理，就自立为燕王。果然武臣不但没有杀他的母亲，反而把他的母亲送了过来。尽管如此做，但武臣是很恨韩广的，送他的母亲过去也只是做给别人看的，想证明自己是个君子。当然，君子也是要发动战争的。通过战争来打败人家，就是很符合君子标准的事情了。于是，武臣带着张耳和陈余去进攻燕国。哪知，武臣对自己过于自信，对其他人估计不足，居然在战斗期间外出的时候被燕军捉到了。

虽然武臣之前把韩广的母亲放了回来，但韩广一点儿面子也没给他，要求赵国割地，才放武臣回去。

赵国方面不断地派使者过来，请求韩广放了武臣。可是，韩广毫不心软地把使者都杀死了。他这次咬紧了牙关，表示赵国不给土地，自己就坚决不放武臣。后来，赵国的一个伙夫跑出来，对燕将说："您知道张耳和陈余现在最想做什么吗？"

燕将答："肯定是想让我们把武臣放回去。"

伙夫听完，哈哈大笑："您并不知道这两个人想要的是什么。武臣、张耳、陈余三人一起努力，攻克了赵国旧地数十座城，张、陈两人心里也是想要称王的，哪里会甘心于一辈子做将相啊！不过是因为大势初定，不敢拿三分土地就自立为王罢了，所以暂且按年龄的长幼，先立武臣为王，以此安定赵国的民心。现在赵地已经平定顺服了，这两人便也想分赵国土地而称王，只是时机尚未成熟而已。而如今您正好囚禁了赵王，此两人名为求释赵王，实则是想让燕国将赵王杀掉，使他俩分赵国而自立。一个赵国尚且不把燕国放在眼里，更何况两个贤能的国君？他们两人肯定会相互扶持，一起来声讨您杀害赵王的罪行啊。如此，灭掉燕国就是很容易的事情了！"

燕将一听，仔细想了想，马上把武臣放了回去，也没有再提要土地的事情了。

其他地方的情况也很复杂，周市被田儋打退后，来到了魏国旧地。他看到赵、燕、齐国纷纷宣布复国，觉得魏国也应该恢复了。于是，周市决定请魏公子宁陵君魏咎出来当魏王。

可这时魏咎还在陈胜那里，估计一时半会儿出不来。所以，大家都劝周市，估计陈胜是不会轻易放魏咎出来的，还是自立为王更好。武臣跟以前的赵王室根本没有什么关系，他照样当上了赵王。韩广跟燕王室一点儿不沾边，现在也正好好地当着燕王。

周市却不同意这种看法。周市说："天下昏乱，忠臣才会出现。如今天下共同反叛秦王朝，依此道义，必定要立故魏国国君的后裔才行。"大家多次请求让周市自立为王，周市都拒绝了。为了表达自己的决心，周市跑到陈胜那里，请求陈胜把魏咎放出来，让他就任魏王之职。谈判开始时，陈胜的态度很坚决，但是周市更坚决，你不放人，我就天天过来请求。最后，陈胜没有办法，迫于各方压力，只得把魏咎放了出来。之后，周市把魏咎带到了魏国旧地，让他当上了魏王，自己为魏相。

一时之间，各个大王纷纷到历史舞台的前台亮相了，中国历史又乱成了一锅粥。倒是刘邦和项梁没有忘记自己的初心，依然高举张楚的旗帜，坚决不称王。他们知道，现在称王的人太过心急，而其实力远远不足，手下也没有什么出色的人才，除了拥有王的名义外，其他都还差得太远。

秦二世二年（前208）十月，泗川郡监平率军将刘邦包围在丰地。刘邦出兵迎战，打败了秦军，即命雍齿守卫丰地。十一月，刘邦领兵去攻薛地，泗川郡守壮在薛地吃了败仗后，逃到戚地。刘邦的左司马曹无伤将他捉住杀掉了。

各路反秦人马的形势一片大好，唯独首倡起义的陈胜形势不妙。他现在虽然是各路反秦大军的最高领袖（除了齐王田儋已经明确表示不加入陈氏联盟外，其他人都还在打着他的旗号起义），但也只能算是名义上的首领，实际上没有人听他的调度，他现在能号令的只有自己的队伍。

现在陈胜把主力部队的大权都交给了好朋友周文。周文还是挺会打仗的，但他的运气差得要命。本来他一路势如破竹，没有遇到什么硬骨头，可是偏偏在函谷关碰上了秦朝最后的军事牛人章邯。

周文在戏亭被章邯猛扁一顿，只得带队匆忙逃出了函谷关，到达曹阳亭后驻扎了下来。哪知章邯又追了过去，再次把周文猛打了一顿。周文大败，只能再次逃跑。之后，周文跑到了渑池。

还没等周文喘匀气，章邯又追来了，此次结局和前几次的一样，还是"大破之"。周文这时兵败将亡，兵力已经快消耗殆尽了，觉得自己真没有什么脸面再回去见好朋友陈胜，便拔剑自刎了。周文自杀了，其他人瞬间没了坚持下去的动力，都不再抵抗，向章邯投降了。陈胜的主力部队就这样全军覆没了。当然，陈胜还可以保有些许信心，因为还有一支大军可以供他使用。这支大军现在在吴广手里。

吴广之死

吴广作为大泽乡起义的主要策划人之一，算起来功劳跟陈胜不相上下。但是，吴广从没有自己称王的想法，仍然带着部队为实现推翻秦朝的理想而努力奋斗着。

这时，吴广还在荥阳，负责驻守荥阳的秦将是李由。李由是李斯的长子，现任三川郡郡守，荥阳在他的辖区范围内。当吴广的大军浩浩荡荡地开向荥阳时，李由马上就意识到荥阳危险了，立刻向父亲李斯报告。

李斯一看儿子的报告，也开始慌了起来，急忙去找秦二世，请他尽快派兵救援荥阳。这时，秦二世还在宫里玩得不亦乐乎，他以为章邯早就把反贼都打出关外了，所以继续安心地吃喝玩乐，一点儿也不想管外面的事情。听到李斯的报告，秦二世才知道，原来反贼并没有全部被消灭，而且马上就要进入荥阳了。这支叛军居然有十万人。

可秦二世不仅没有派兵援救，反而讥讽李由解不了三川郡之围。

李由发现自己把求援报告送上去后，就没有了下文，他只好一边加固城防工事，一边打造兵器，等着吴广部队的到来。

吴广的大军很快就到达了荥阳，队伍一到城外，就直接发动进攻。一时间，城外鼓角震天，吴广的大军如潮涌般冲向荥阳城。面对气势汹汹的吴广大军，李由没有自乱阵脚，摆开架势，和吴广大军展开了激战。

李由的军事水平还是很强的，他硬是带着少于吴军的守城士兵，把吴广的大军杀退了。双方你攻我守，吴广大军虽然人多，但就是打不过人少的李由。吴广打了几个月，结果李由仍然在城内，他仍然在城外。

吴广这时当上了代理楚王，手下有十万军队，心态也发生了质的变化，自信心也随之水涨船高，甚至到了自负的地步。对于吴广的变化，他手下的田臧越来越忍不下去了。田臧觉得吴广除了暴发户心态外，没什么真本事，跟这样的人干下去，到头来必死无疑。于是，他把几个跟他有共同想法的人召集起来，对大家说："周文的军队已被秦军击败了，秦军很快就会来支援这里。我们久攻不下，等秦军一到，必将大败我军。不如留一小部分兵力围攻荥阳，调动大部分精兵迎击秦军。现在有一个问题，代理楚王吴广自高自大，不懂得灵活用兵，如果我们不解决掉他，恐怕他日后会坏事。"

大家同意了田臧的看法。吴广没有想到，他手下的这些人会对他有另外的想法，依然故我。结果，吴广就在毫无察觉的情况下被田臧等人假托陈胜的命令杀掉了。

田臧等人杀掉了吴广后，马上割下吴广的脑袋送到了陈胜那里。陈胜也没有说什么。即使他生气，也不敢随便发火了，因为他现在除了楚王的名号外，真的什么都没有了。无奈之下，陈胜只得派了个使者，拿着令尹的公章交给了田臧，还让他兼任上将，成为张楚政权的首席大臣。

到了这时，陈胜的张楚政权就真的只剩下一个空壳了。田臧当了张楚的首席大臣之后，就按照自己的既定方针，让李归留攻荥阳，自己带着张楚最后的主力绕道去打章邯。章邯这时正在到处找张楚政权的主力作战，看到田臧来了，立刻下令开打。田臧不敌，没过多久就战死沙场了。

随着田臧的死去，陈胜的事业直接加速进入了最后的时光。章邯得胜之后，并没有休息，直接把军队开到了荥阳，毫不费力就杀死了李归。随后，他又把矛头指向了陈胜的另外两名部将邓说和伍逢。这两个人就更不是章邯的对手了。不过，他们仗打得不行，跑得却很快，一路狂奔到了陈地，向陈胜汇报了这些情况。

陈胜气得要命，二话不说就把邓说杀了。

陈胜被害

这边陈胜气急败坏，那边秦二世的心情也很糟糕。他怎么也想不明白，之前巡视人员不都是说，现在全国的形势一片大好，社会稳定，人民安居乐业吗？怎么突然反贼就打到了荥阳，而且还是十万人的队伍？秦二世现在很想骂人，可是他能骂谁呢？

首先，他肯定不能骂自己，而且他也不认为自己有错。其次，他也不能骂将领，因为他还要靠着他们为自己消灭叛军。想了一圈，秦二世只能骂李斯了。于是，他把李斯叫来，指着李斯的鼻子破口大骂："你身居三公高位，怎么使盗贼猖狂到这种地步?!"

李斯对此颇为恐惧，他知道秦二世真的生气了，便迎合秦二世的心意，上书应答说："贤明的君主，必定是能考察臣下罪过，并对其处以刑罚的人。申不害称'把天下当作自己的桎梏'的原因，并不是别的，而在于不能对臣下明察罪过施行惩处，反而以自身之力为天下平民百姓操劳，即如唐尧、大禹那样，故此称之为'桎梏'。不能研习申不害、韩非的高明法术，实行察罪责罚的手段，一心将天下作为使自己快乐的资本，而偏要劳身苦心地去为百姓效命，以此成为平民百姓的奴仆，不能算是统治天下的君王。这有什么值得崇尚的啊！所以贤明的君主能施行察罪责罚之术，独立判断，这样权力就不会旁落至下属臣僚手中，然后才能阻断实施仁义的道路，杜绝规劝者的论辩，称心如意地有所作为，谁也不敢抵触反抗。如此，群臣、百姓想补救自己的过失还来不及呢，哪里还敢去图谋什么变故！"

秦二世看完李斯的上书，心情一下子就变好了，原来自己做的都是对的，于是更加严厉地实行察罪惩处，以向百姓征收重税的人为有才干的官吏，以杀人多的官员为忠臣。结果，百姓中有一半是受过刑罚的罪犯，死人的尸体天天成堆地积陈在街市中，秦朝的百姓因此愈加惊骇恐惧，各地都在发生动乱。

赵王武臣派李良去平定常山，李良很快就完成了任务。接着，武臣又派李良去打太原。李良带着军队向太原进发，秦将王离率部在井陉提早布防，挡住了李良的去路。王离本来正在北方修长城，但是关东地区的起义部队太多，章邯一个人忙不过来，王离就率部南下，准备协助章邯作战。在布防的同时，王离派人给李良送了一封信，说是秦二世的亲笔信，内容是如果李良脱离叛乱队伍，他就会成为朝廷正规军的高级军官。

李良拿了信之后，一点儿也不相信，但他觉得自己的兵不多，硬攻井陉很没有把握，因此就又返回邯郸，请武臣给他增加一点儿兵力。李良才走到半路，路遇一支队伍，排场很大，他以为是武臣来了，急忙趴在地上行礼。

其实，这不是武臣的车队，而是武臣姐姐的车队。武臣的姐姐刚刚赴宴归来，正醉倒在车里，模模糊糊地看到有个人趴在那里向自己行礼，以为只是普通的小兵，根本不知道是将军李良，便只是叫身边的侍从向李良致意了一下，就接着向前走了。

李良起来后，定睛一看，原来车里是个女人，一下子就生气了。因为他向来很傲气，这次居然向女人下跪行礼，心里很不舒服。更要命的是，这个女人竟然如此无视他。他再看看随从，觉得那些目光好像都在嘲笑他，就更不爽了。

李良的这几个下属对他的性格向来把握得很好，看到他的脸色，知道他现在很愤怒。其中有一个人就对李良说："陈胜刚举事的时候，您的地位就比赵王高，您的水平也比他强。现在这个女人居然也敢欺负将军，坐在车里牛哄哄地在您面前摆谱儿，也不下车来答谢一下。将军您不如现在就杀了她。"

李良本来就有点不服武臣，得到王离的那封信时，情绪就有波动了，只是不相信那信是秦二世写的，所以才没跟秦朝方面对接。这时，居然受到一个女人的欺负侮辱，不但将军的尊严丧失殆尽，就是男人的面子也丢了。在极度愤怒之下，又被手下的人用话一激，李良马上下令追上去。

李良杀了武臣的姐姐，注定会成为武臣的仇敌。既然是仇敌，就不用再客气了。想到这里，李良果断把自己的队伍全部调过来，向邯郸发起进攻。武臣做梦也没有想到，李良会来这一招，都还来不及抵抗，就被李良杀了。

张耳和陈余的耳目众多，赶在李良杀他们之前得到消息，幸运地逃脱了，保留住了性命。

武臣一死，陈胜就得直接面对秦朝的大军了。而这时，陈胜的阵营里仍然持续不断地内斗。本来，陈人秦嘉和符离人朱鸡石在陈胜占领陈城时，也跟着起兵，同样打着陈胜的旗号，现在正在围攻东海郡。但是，陈胜对秦嘉的加盟不但没有什么表彰，反而觉得不放心，还派武平君过去当监军。秦嘉看到武平君，自然很恼火，于是自称大司马，动员大家都不要听武平君的话。然后，他向大家宣称接到陈王的命令，要处死武平君。

这时，秦二世也终于认识到，这些盗贼并不是一般的强盗，于是下决心加强打击力度，派司马欣和董翳带兵增援章邯。此时，章邯已经大破伍逢，又把陈胜的柱国蔡赐杀了，接着向陈胜的另一个部下张贺发起了进攻。

陈胜这时完全慌了神，赶紧跑去督战，可是完全无效。张贺努力想抵挡住章邯的进攻，但是章邯的能力比他们强太多了，直接就在战场上杀死了张贺。陈胜知道后更害怕了，现在他的身边既没有带兵的将军，也没有多少军队了，只有逃这一条路可以走了。等他逃到下城父时，再也不能往前走了。他不逃了，并不是要回过头来跟章邯决一死战，更不是没有力气，而是他的专职司机庄贾不干了。庄贾天天跟着陈胜一起逃跑，觉得前途未卜，就把陈胜就地杀掉了。

旧六国贵族的矛盾

陈胜死后，他引爆的火药桶并没有受到任何影响，继续剧烈地爆炸着。而且，各路起义军之间也矛盾重重。陈胜这边，在陈胜生前，没有几个高层是他的死党；在他死后，也没有谁声言为陈胜报仇。最后为他报仇的，居然是近侍吕臣。吕臣在新阳拉起了一支队伍，向陈地发动进攻，最后收复了陈地，杀掉了庄贾，又举起了楚国的旗号，并把陈胜安葬在砀地。

陈胜的势力乱得不可开交，刘邦那边也出了乱子。这时，魏国的周市看中了属于刘邦集团的丰县和沛县，很想占为己有，就打起了雍齿的主意。

刘邦对雍齿的了解不多，但是周市很了解雍齿的为人，他派人去做雍齿的思想工作，劝雍齿跳槽到自己这边。劝说的人说："丰县本来就是魏国故地。现在我们已经攻下魏国故地几十座城池。你还不如弃暗投明，到我们这边来，这样我们会封你为侯，驻守丰县。不然的话，我们攻下丰县就会屠城。"

雍齿一听，觉得很有道理，就换上了魏国的大旗。刘邦接到这个消息后很愤怒，带着军队去攻打雍齿，可就是打不下来。

赵国的张耳和陈余也在组织力量，打算对李良进行反击。李良也知道自己不是这两个人的对手，就投降了章邯。宾客中有人劝说张耳、陈余："两位是外来人，要想使赵国人归附，是很难独立获得成功的。若拥立故赵国国君的后裔，并以仁义辅助他，便可以很快成就功业。"张耳和陈余接受了宾客的劝说，找到了一个叫赵歇的人——据说他是原赵国王室的后代，是最有资格当赵王的人——拥立他当了赵王。

赵王有了，楚王更要有。东阳人宁君和秦嘉向来不愿意搭理陈胜，听说陈胜死了，就拥立景驹为楚王，而自己则实际掌握着楚国的大权。之后，秦嘉领兵前往方与，打算在定陶攻击秦军。秦嘉觉得自己的实力有点弱，就遣公孙庆出使齐国，想要与齐国合力，共同攻打秦军。

齐王田儋对此表示："陈胜战败，至今生死不明，楚国怎么能不请示齐国，便自行立王呀？"公孙庆回答道："齐国不请示楚国即立新王，楚国为什么要请示齐国后才立新王呢？况且楚国首先起事，理当号令天下。"齐王田儋听完后十分生气，下令立即将公孙庆杀掉。

田儋和秦嘉争着当领袖，而真正为陈胜成功复仇的吕臣倒没有人重视。这时，吕臣还在陈地守着陈胜的遗产。秦军猛攻陈地，吕臣凭借自己的那点兵力抵挡了几天，就败下阵来，陈地失守。

吕臣兵败逃跑，收集散兵重新聚合后，与番阳县的黥布相遇，合兵攻打秦朝的左、右校尉，在青波击败秦军，重新攻下了陈地。

黥布是六地人，本姓英，因犯法被判处黥刑，以刑徒定罪后被送往骊山做苦工。当时，赴骊山服劳役的犯人有数十万，黥布与其中的头目和强横有势力的人都有交往。后来，趁着混乱，黥布率领一伙人逃亡至长江一带，聚结为盗匪。黥布得知番阳县令吴芮很受百姓的爱戴，号为"番君"，便前往求见。这时黥布的部众已达数千人，番君便将自己的女儿嫁给了黥布，命他率领部众攻击秦军。黥布在路上正好碰到了吕臣，才决定合力攻打秦军，并取得了胜利。

陈地转危为安，举着陈胜旗号的刘邦却处境微妙。刘邦这时没有了根据地，陈胜又死了，一时没有了依靠。之后，听说景驹当了楚王，也不管他跟陈胜有没有关系，看到"楚"字旗号，刘邦便决定带着军队前去投奔。刘邦很狼狈，但就是在这个狼狈时期，他碰到了一个改变他命运的人。这个人就是张良。

此前张良还是个热血青年，只想单纯靠暗杀秦始皇来报灭国之仇。可是博浪沙事件之后，他一边逃跑，一边对自己的行为进行了深刻的反思，知道自己这样做根本就是胡闹。于是，张良不再满脑子都是复仇的事，下定决心好好学习，努力提高自己的综合素质。

这些年里，张良潜心学习了《太公兵法》，并取得了不错的效果。后来，张良多次用《太公兵法》中的道理向刘邦献策。刘邦也很赏识他，常常采用他的计策。张良之前向其他人讲述《太公兵法》时，那些人都不能领悟到他话中的含义。只有刘邦欣赏他的话，并认真思考他话里面的含义，张良因此说道："沛公大概是天赋之才吧！"于是，张良便决定留在刘邦身边，不再他往。

随后，刘邦带着他的人马，投奔了楚王景驹。当然，刘邦来找景驹，并不是来当景驹的手下，帮景驹打天下，而是想借景驹的力量帮他收复失地。景驹听完刘邦的要求，给了他一些兵马，刘邦便带着兵马向丰县进发。

这时，章邯的军队正好打了过来，到达砀地。双方在萧县打了一仗，结果刘邦大败，只得退到留地，躲开秦兵的锋芒。过了一段时间，刘邦又出兵攻打砀地，猛攻了三天，这才拿下砀地。这一次，刘邦的收获很大，收编了六千秦兵，再加上以前的兵马，他手里的兵力达到了九千人。刘邦以为有了九千人，去打丰县应该没有问题，可是没想到仍然没有成功。

第十章

大秦帝国的覆灭

聚集在楚国的旗帜下

与刘邦面临的窘迫困境不同，在各路反秦武装当中，发展得最为神速和顺利的就是项梁了。项梁虽然性格剽悍，但这个时期做事极为稳重。陈胜的另一个部下召平原来奉陈胜之命去打广陵，可直到陈胜死去，他也没有成功。后来，召平听说陈胜已经完败，而章邯的军队又要打来，自己手里这点力量连广陵都打不下，哪里能跟章邯对打？为此，召平费尽心思，终于想到了一个好方法，那就是请别人来打。

现在谁有水平跟章邯打呢？只有项梁了。于是，召平以陈胜的名义，任命项梁为上柱国，然后对他说："江东那里已经没有战事了，请您一定赶快向西攻打秦兵。"

项梁接到命令后，立刻带着八千人渡江向西而来。这时他的好运气就来了，他面前的东阳已经被陈婴占领。陈婴率领的队伍虽然也是反秦大军中的一支力量，可他并不像项梁他们那样是主动起兵的，而是被动当上的这支武装的首领。陈婴原来是东阳县吏，在当地人气很旺。后来，当地一群年轻人起义杀掉了东阳县的县令，去请陈婴来当他们的首领。

可是，陈婴的母亲却不同意，理由是："我在陈家当媳妇很多年了，从没听说过陈家的祖先中出现过大富大贵的人，现在你突然被天上掉下的馅饼砸中，是大大的不吉利。你只有带着这些人去依附其他人，才有可能成功。如果成功了，你仍然可以封侯；如果失败了，你逃跑起来也会很容易。"

陈婴母亲的脑子绝对不比当时的很多谋士差，她知道以陈婴的能力，是永远也当不上皇帝的。陈婴是个很听母亲的话的人，马上叫停了别人称王的建议，只是守着东阳城，寻找可以投靠的人。陈婴很快发现，在各路武装中，真正可以依靠的只有项梁。

于是，陈婴把自己掌握的军队全部交给了项梁。项梁一看，自己的兵力一下子涨到了几万人，这可真是意外之喜。令人没想到的是，运气接着又来找项梁了。黥布在跟秦军打了一仗，取得胜利之后，也带着自己的军队前来投奔项梁了。

项梁一下就有了七万人，驻扎在下邳。项梁的声势壮大起来后，最难受的不是秦朝，而是景驹和秦嘉。这两个人打的是楚王的旗号，项梁扛的也是楚国的大旗，但这面大旗的楚字号不属于景驹，而属于项家。

于是，两支打着楚国旗号的力量就站到了对立面。项梁高调宣布了秦嘉的罪状，把他说成是一个大逆不道之徒，然后迅速进兵。两军交手，秦嘉自然不是项梁的对手，只得败走。项梁随后就追，到胡陵追上了秦嘉，双方再次开打。结果秦嘉被项梁杀死，景驹虽然逃了出去，但到了梁地后也被杀。秦嘉势力就这样被项梁吞并了。

这时，章邯的大军已经进军到栗地。项梁对章邯并不重视，只是派了朱鸡石、余樊君两人带着部队与章邯对垒。这两个人根本不是章邯的对手，只打了一场，余樊君就死掉了，朱鸡石败回胡陵。项梁听到后很愤怒，把朱鸡石杀掉了。

虽然和秦军的仗打输了，但项梁对自己很有信心，而且打算继续按原计划扩充地盘。这时，刘邦找上门来了。刘邦原来是依附秦嘉的，算是景驹势力范围内的人。现在景驹势力覆灭了，他知道，如果这时仍然不做出行动，估计项梁同样不会放过他。于是，没等项梁有所动作，刘邦就带着自己的亲信前来，面见项梁，请求项梁给他一点兵力。

项梁看到刘邦自己主动跑来归顺，自然很高兴，便给了他五千兵力。刘邦就带着这五千名士兵再次攻打丰县。这一次雍齿不敌，逃到了魏地，寻求周市的保护。

就在刘邦攻打丰县时，项梁还在思考与秦军打仗的事情。自己跟秦军接触的第一仗，就大败而归，项梁心里很不服气。他知道，自己必须尽快取得一次对秦军的胜利，否则在诸侯面前没有面子。于是，他拿出了撒手锏。

就这样，项羽第一次站到了历史的前台。项梁派项羽去攻打襄城。哪知，襄城同样很坚固，项羽打了多日，费尽力气才拿下。项羽大怒之下，下令把襄城军民集中起来坑杀。

拿下襄城之后，项梁开始了另一番谋划。此时，经过多次打探，他知道陈胜确实死了，便决定召开一个大会来讨论谁来当楚国的领袖。于是，另一个牛人出场了，这个牛人就是范增。

这时，范增已经七十多岁了。他对项梁说："陈胜失败是有一定道理的。本来六国灭亡，只有楚国是没有罪过的。以前楚怀王被张仪骗入秦国，客死他乡，现在楚国广大百姓都还很同情他。所以楚南公才说：'楚虽三户，亡秦必楚。'陈胜反秦，不拥立楚王后代，却自己当了楚王，所以他的政权并不能长久。现在您在江东起事，大家都过来投奔您，因为您是项家的后代。大家都相信您能立真正的楚王后代啊。"

项梁一听，觉得很有道理，于是派人到处寻找楚王室的后代。最后，项梁找到一个叫芈心的小孩，这个孩子现在的职业是放羊，据说他是楚怀王的孙子。项梁把芈心带了回来，拥立他为新一代的楚王，也称为楚怀王。然后，陈婴当了上柱国，辅佐楚怀王定都盱眙，项梁自号为武信君。

张良这时仍然抱着为韩国复国的幻想，对项梁说："您既然立了楚王，也应该立韩王啊。韩王的后代韩成很有水平，可以当韩王。这样可以增添您的羽翼。"项梁说："那先生就去办这件事吧。"

张良得到许可后，很快就跟韩成取得了联系，拥立韩成为韩王，自己当了韩国的相国。项梁又给韩成一千多人的军队，叫他自己去开拓领地。随后，韩成就向韩国故地进攻，一下就取得了几座城池。哪知，好景不长，秦军一反攻，便又全部丢掉了。

就在项梁等人拥立楚王之际，章邯也没闲着，他按照自己的计划，继续进军。这一次，他攻击的目标是魏国。魏国知道章邯勇猛善战，自己无论如何也抗不住，便派周市去向楚国和齐国求救。齐王田儋亲自率军和楚国大将项它一起去救魏国。

章邯知道齐、楚联手而来，毫无惧色，连夜出击，在监济城下，把齐、楚两军打得遍地找牙。最后，田儋、周市被杀。魏咎代表百姓签订了投降书，然后自杀。魏咎的弟弟魏豹则逃到项梁那里。

到了这时，反秦的几路大军都被章邯打得很狼狈。田儋死后，他的弟弟田假当上了齐王。项梁知道章邯的厉害，只得亲自出马。此时，章邯正猛攻田儋的另一个弟弟田荣。项梁的军队马上开过去，与章邯大战。章邯想不到项梁的水平竟如此之高，被打得大败，只得向西逃跑。

项梁亲自追击章邯，同时命令项羽和刘邦攻打阳城。阳城的防守很脆弱，两人不费什么工夫，就破城而入。项羽再一次下令屠城。

之后，楚军主力在濮阳城东又跟章邯大战，章邯又被打得大败。章邯很郁闷，战争打到现在，他仍然是一个人在战斗——当然别的人也在战斗，但基本都是被动地战斗，而且连自保能力都不够。只有他在主动向反秦武装进攻，但他的进攻却得不到后方的有力支援。但章邯仍然坚持，他遭到几连败之后，又收集残兵，坚守濮阳，动员大家环城挖沟，增强防守能力。

项梁和刘邦看到濮阳很难攻下，就决定向定陶进攻。

章邯连续吃败仗，齐国的外部压力大大减轻。田家几个人终于腾出手来，开始解决家务事。田荣很生田假的气："凭什么你来当齐王？"于是，带着军队攻打田假。

田假抵挡不住，只得逃亡，最后跑到了楚国。田间本来是去救赵国的，看到田荣搞政变，知道自己要是回去肯定被杀，干脆留在了赵国。田荣当然也不敢自己称王，他立田儋的儿子为齐王，自己当了相国，让田横当了将军，重新平定齐国故地。

章邯确实很有水平，没过多久，他在濮阳的声势又壮大起来。项梁知道，章邯的水平很高，要是让他缓过劲儿，局面就大大不妙了。于是，项梁派人去找田荣，要求齐、楚两国联合起来，把章邯彻底消灭。

从反秦的角度来说，项梁的这个倡议完全正确，田荣却提出了个条件："要合作可以，必须杀了田假。"项梁当然不会杀田假，所以田荣最后决定不出兵。

反秦势力经历几次整合，现在分成楚、赵、齐、韩、燕几股势力，虽然都高举着打倒秦朝统治的大旗，但仍然是散沙一盘，没有形成合力。

影响未来的一次决策

秦朝到了这时，正加速走向灭亡。这段时间，项梁和刘邦打得更为顺手。项梁放过章邯之后，引兵向西，在定陶一带又把秦军打败。接下来，项羽和刘邦又在雍丘与秦军决战，杀死秦军无数，并斩了三川郡郡守李由。项梁的军队虽然此前曾经被章邯打败过，但他亲自出马之后，连续几次都大胜章邯，觉得秦军根本没有什么可怕的。

这个"觉得"一塞进心头，没几天就转化成了骄傲。骄傲的情绪一旦发于心间，不久就体现在脸色上。宋义看到项梁的脸上布满了骄傲，立刻联想到"骄兵必败"四个字，便劝他："武信君，打了胜仗后，带兵的人要是骄傲自满，士兵就会变得懒洋洋，最后一定会失败。现在我们的士兵都到了这个地步，秦军却越来越多。在下真的有点担心了。"

项梁一听，就不开心了，所以他找了个理由，派宋义出使齐国。宋义走到半路时，正好碰到齐国的使者高陵君，高陵君正代表齐国去拜会项梁。两人在一起喝着酒，宋义劝对方，不要急着去完成任务。

宋义说："在下估计武信君（项梁）最后一定会失败。您要是晚点过去，也许可以免于一死。您要是急着去，说不定就正好赶上他的失败。那样一来，您还能活着回来吗？"

这时，秦二世也知道章邯遇到困难了，又把大量军队派给了章邯。项梁对此仍然不在乎。在项梁继续不在乎的时候，章邯突然出击，猛攻定陶。项梁这才知道章邯的厉害，自己果然犯了轻敌的错误。章邯在这一战中直接在战场上杀死了项梁，大败楚军，取得了重大胜利。

项梁战死时，项羽和刘邦正在攻打外黄，但由于连续下大雨，所以进攻受挫。他们只得带着军队又去打陈留。可进攻还没有开始，他们就收到了项梁战死的消息。项羽和刘邦知道这时候再去打仗，只能打败仗了，于是就跟吕臣一起，带着军队向东撤退。

楚怀王芈心听说项梁死了，也害怕起来，跟着项羽进入彭城，并宣布迁都彭城。三位将领也划分了势力范围：项羽驻军彭城西面，吕臣驻军曹城东面，刘邦驻军砀地。

在楚军主力受挫的时候，魏豹却干得很出彩，连续拿下魏地二十多座城。楚怀王为了奖励他的功绩，封他为魏王。项梁一死，楚军又进行了一次整合。秦二世二年（前208）闰九月，楚怀王宣布，让吕臣和项羽把兵权交出来，自己兼任最高军事首领；然后任命吕臣为司徒，吕臣的父亲吕青为令尹。刘邦为砀郡长，封武安侯，继续带领原来的军队。

这个月似乎是个让人容易犯错误的月份。楚怀王在犯错误，章邯也在犯错误。章邯大破项梁之后，觉得楚军不过如此，并没急着将项氏势力彻底灭掉，而是把矛头指向了赵国。

章邯带着他的得胜之军渡过黄河，与赵军打了一场，大败赵军。赵歇、张耳和陈余都逃到巨鹿城死守起来。

章邯当然不会就这样放过他们。他命王离、涉间包围巨鹿，自己带着一部驻扎在城南，给围城的部队运送粮草。他这时想的是，只要打败赵国，他就可以合并王离的部队横扫诸侯了。

赵国知道凭自己的力量是守不住巨鹿的，只得不断地派人去向楚国求救。这时的楚国也不好过，刚刚死了项梁，损失了大批军队，正不知下一步该何去何从。但既然是反秦同盟中的盟主，人家的求救你如果不管，这个盟主就做到头了。更要命的是，要是赵国完了，章邯肯定该对付楚国了。从这个层面来说，救赵国就等于救自己。

如果项梁还活着，那很好办，由他带着大军去向章邯开战就可以了。楚怀王虽然兼任了军队最高首领，剥夺了项羽的兵权，可他不会打仗。于是，他召集群臣，请大家举荐人才。

高陵君说："臣推荐宋义。此前，宋义曾成功预测到项梁会失败。他刚跟臣讲时，臣还不信，可后来项梁真的战死了。在双方还没有开战时，他就能有这样的预测，打仗业务肯定十分精通。所以，臣推荐他来当这个将军。"

楚怀王一听，立刻把宋义叫来，当场面试，觉得他确实是个人才，堪当大任，于是当场发布任命文件：宋义为上将军，项羽为次将，范增为末将。令他们带着军队去救赵国，要求所有军队都听从宋义的调遣，称宋义为"卿子冠军"。

从这个首发阵容来看，我们就知道，楚怀王确实十分重视这次战斗，把楚国能打仗的人基本都派了出去。当然，本来项羽是不想当宋义手下的，相对来说，他更想去的是另一个地方——关中。

原来，此前楚怀王为了激励大家的反秦热情，曾经宣布：谁先进关中，谁就可以在关中称王。这个奖励是很让人激动的，可当时激动的人不多。因为大家都知道，现在秦军的力量还十分雄厚，赵、楚两国都刚被秦国打得大败。只有项羽因为叔叔被秦军杀死，天天想着为叔叔报仇，所以就请楚怀王让他带兵打到关中去，灭了秦朝，为项梁报仇。

楚怀王看到大家态度很消极，觉得有点失望；看到项羽这么热血沸腾，就想叫项羽向西杀向关中，可是很多人反对。这些人反对并不是他们想抢这个关中王，而是觉得项羽不是最佳人选。他们的理由是："项羽勇冠三军，但是性格凶残。以前攻破襄城时，不管城中男女老少，全部坑杀。他经过的地方，几乎寸草不生。而且楚军多次西征，陈胜和项梁这些猛将都死了。所以，这次不如换个敦厚老成的长者，打着仁义的招牌向西进发，号召秦国的百姓起来配合我们。这样一来，拿下关中的困难就大大降低了。从这方面说，项羽是不宜领兵的。刘邦才是最好的人选。"

楚怀王本来就不愿意让项家的人再成军事首领，听了这些话后，就没有答应项羽的要求，而改派刘邦当西进部队的总指挥。楚怀王绝对没有想到，他的这个安排，成了一个历史性的决策。

于是，项羽只得当宋义的助手，去救赵军。如果项羽当了西路军的总指挥，救赵之战肯定是进行不下去的——这一战要是完了，这场反秦运动就基本可以宣布到此结束。只是楚怀王的一个偶然的安排，把历史的情节完全打乱了。

宋义带着大军来到安阳，就停在那里。而且停留不是一天两天，而是整整停了四十六天。项羽待着待着，就有些急了，再这样下去，赵国还能坚持住吗？我们的任务是要过去打秦军啊。于是，项羽去找宋义："现在秦军把赵王包围在巨鹿城中，赵国的形势已经很危险了。我们应该尽快渡过黄河，跟巨鹿城里的赵军夹击秦军。这样必能把秦军打败。"

宋义说："你的认识是完全错误的。如果秦军打赢了赵军，他们也一定会消耗很大，我们完全可以趁此机会把他们猛打一顿，夺取最后的胜利。如果他们打不过赵军，我们再擂鼓冲锋，同样可以全歼秦军。所以，现在我们正确的做法是，在这里按兵不动，坐等秦、赵两军拼命，然后再打。虽然我的武功不如你，但是我带兵打仗主要用的是兵法，而不是蛮干。"

从宋义的话可以看出，项羽在他的眼中只是一员猛将，而自己才是一个优秀的统帅。宋义教训了项羽，觉得自己很厉害，他接着又下了一道军令："有猛如虎，狠如羊，贪如狼，强不可使者，皆斩之！"意思是说，谁要是敢像老虎一样勇猛、像山羊一样倔强、像狼一样贪婪而行动不听指挥的，一律斩杀。

一看这个军令，就知道针对性十分明显。当时，齐国也派援军过来，而且表示听从宋义的指挥。宋义现在是盟军中最有实权的人，可是他的儿子什么也不是。于是，宋义趁着手中有权，送儿子宋襄到齐国当相国。为了让儿子风光上任，他还把军队丢下，亲自送儿子到了无盐。

这时是秦二世三年（前207）的冬天，天寒地冻，又下着大雨。可是宋义才不管这些，他大摆酒席，为儿子举行欢送仪式。但是士兵们又冻又饿，只能冷眼看着宋义在那边大吃大喝，却又无可奈何。

项羽受不了了，他大声对大家说："我们到这里来，本是要团结一致跟秦军拼命的，现在却停留在这里什么也不做。今年咱们的粮食不丰收，百姓没有饭吃，士兵的伙食跟家畜的饲料没有什么两样，过的全是牛马一样的生活。现在军中连这样的伙食也差不多没有了，上将军却在这里只管自己大吃大喝，就是不领兵渡河，去夺取赵地的粮食，解决士兵们的饥饱问题，然后与赵军夹击秦军。却说什么等秦军累了乏了再打，现在秦军很猛，打赵国是必胜无疑的。他们得了赵地，力量会更强悍，哪里还会累了乏了？咱们还有什么机可乘？我们前段时间刚吃了大败仗，楚王很郁闷，这才把全部兵力都交给上将军，希望上将军能打出咱们的威风来。咱们的前途在此一举，现在上将军却一点不顾及士兵们的安危，全是在为自己着想，派自己的儿子去当齐相，谋的全是私利，这还算是国家的大臣吗？"

大家一听，都很气愤，纷纷表示支持项羽。项羽看到人心转向了自己，心里很高兴，决定按自己的计划行动。

破釜沉舟

第二天早晨，项羽一起床就去见宋义。他根本不给宋义发言的机会，直接冲上前去，宝剑一挥，宋义人头落地。项羽抓住那颗血淋淋的头颅，跑出帐外，大声宣布："宋义跟齐国的使者已经决定向秦朝投降，然后攻打楚国，所以楚王叫我把他处死了。"

项羽看了大家一圈。在凌利目光的逼视之下，士兵们干脆表示拥护项羽，纷纷说："楚王本来就是项家拥立的，现在又是项将军平定了乱子。我们当然都听项将军的指挥，项将军就当这个上将军吧。"项羽也不推辞，当场接收了宋义的大印，然后派人去追宋襄，并杀死了他。

把这些事做完之后，项羽派桓楚把事情经过向楚怀王进行了详细的汇报。楚怀王一听，觉得很震惊，但还有什么办法？现在军队都已经掌握在项羽手里了，楚怀王只得把手续补齐，让项羽名正言顺地成为上将军。

当然，项羽杀宋义夺兵权，并不仅仅想威震楚国，更想要与秦军决战。当时，前来援救赵国的诸侯军队很多，但一直号令不统一，虽然都在附近驻扎，求战欲望却一点也不强烈。项羽知道，现在能跟他冲上前去的，也只有以项家军为班底的楚军了。因此，他先派当阳君和蒲将军带两万人渡过漳河，去打包围巨鹿的秦军。但也只取得了一些小胜，对大局似乎没有多大的帮助。

秦军包围巨鹿的主要力量是王离。王离原来是蒙恬的副手，蒙恬死后，他才独当一面，手里有二十万大军。章邯则在外围呼应，并负责供应粮草。章邯为了当好这个后勤部长，硬是修筑了一条两边都有墙的通道，专门作为运粮的道路。

可是王离的军队人数太多，每天消耗太大。王离怕以后粮草供不应求，就加紧对巨鹿展开进攻。这时，陈余是赵国的将军，正带着几万军队在城北驻守。他知道自己的这点力量根本不是秦军的对手，不敢过来解围。张耳现在负责城中的一切事务，城中的情况万分危急，不但粮草越来越紧，而且兵力也越来越少，而王离的进攻力度却不断加大。

张耳无奈，只得不断催陈余来救。可陈余因怕秦军势大，一直不敢迈出半步。张耳就生起气来，派张黡、陈泽去把陈余大骂一顿，说："我跟你算是刎颈之交了，现在赵王和我都到了最危险的时刻，你却带着几万军队在那里不闻不问，不管我们死活，这算什么同生共死？"

陈余被骂之后，仍然不愿意出兵。他的回复是："我已经进行过全面的评估，我的这点力量不管怎么打，都打不过秦军。与其前去送死，倒不如保存这点力量，以后可以为你和赵王报仇。现在硬去送死，真的没有意义。"

张黡、陈泽一定要陈余跟他们一起冒死而战。陈余就给他们五千兵力，让他们自己去试试，看秦军的真实水平如何。五千人去打二十万人，结局是显而易见的，两人带着军队冲上前，只一会儿就全军覆没了。其实，不但陈余不敢出来打，就是张耳的儿子张敖也不敢去救他的父亲——张敖从代地带来一万多人，也跟其他诸侯一样，就在陈余的军营旁边驻扎着，两眼惊恐地望着秦军大营，根本没有出战的想法。

项羽不是宋义，也不是陈余，他立刻带着全体战斗人员渡过漳河。渡河之后，他下达了一道命令：把所有的船只全部凿沉，一只也不能留；把所有的炊具全部砸烂，一件也不能留；把军营的帐篷都放火烧了，每人只带着三天的干粮。一切停当之后，项羽大声说："现在我们没有退路了，只有打胜仗，我们才有活路。否则，就会全都死在这里！"

大家都知道秦朝十分残暴，即便投降也是没多大希望活命的。大家一看，只能跟着项羽猛冲过去，与秦军激战。项羽带着这一群亡命之徒冲过去，先把王离的军队包围起来。

王离看到楚军人数并不多，居然敢包围自己，开始时很不在乎，下令两边一起打。哪知，这支楚军的战斗力实在太强悍，个个都不要命。

秦军一下就被打怕了。双方连续交战，秦军连续失败。最后，项羽截断了那条运输通道。王离军队立刻断炊，只得拼命向楚军进攻。然而，楚军士气正旺，打起仗来无不以一当十。当时，诸侯的军队就在周边，但因惧怕秦军势大，不敢出战。他们抱头躲在营中，只闻得阵地上杀声震天，战斗激烈程度闻所未闻，无不吓得胆战心惊。

在这场史上著名的巨鹿之战中，项羽以劣势兵力打败了占据优势的秦军，杀死了苏角，俘虏并劝降了王离。涉间因为逃不出去，又不愿投降，最后采用自焚的方式结束了自己的生命。

项羽取得大胜回到大帐之后，立即召集诸侯军队的主将们过来开会。当诸侯军队的主将们接到项羽召见他们的通知时，谁都不敢落后半步。他们来到楚军的行辕外时，全身颤抖，都跪着爬行进去。到了大帐之内，谁也不敢抬头看一看项羽。各路诸侯这时才真正统一在了项羽的领导之下。

张耳这时才敢带着赵王出城来，向各路诸侯答谢。他们被围在城里几个月，天天抵挡着王离的猛烈进攻，士兵们饿得都快走不动路了。幸亏项羽杀了宋义，拼死相救，大破秦军，他们自然对项羽万分感激。

张耳对陈余仍然很愤怒，质问他为什么不肯救赵，随后又问两个使者张黡、陈泽的下落，怀疑陈余杀了他们。

陈余说，他们战死了。可张耳不信，老是追问。陈余就生气起来，大声对张耳说："你骂我也骂得太过分了，你以为我很舍不得这个将军印吗？"当即把大印拿出来，交给张耳。

张耳想不到陈余居然来这一招，他虽然生陈余的气，但还是不想撕破脸皮，因此不接受这个大印，两人推来推去。这时，张耳的一个朋友偷偷对张耳说了一句："天予不受，反受其咎。"张耳一听，觉得很有道理，反正都到了这个时候，两人的友谊几乎走到了尽头，便把大印收了起来。

陈余回来发现不见了大印，知道张耳真的收下了。他本来并不是真心辞职，哪知张耳却做得很干脆。陈余冷笑之后退了出来。当张耳带着赵王回巨鹿城时，陈余则带着几百手下驻扎在黄河边。

两人的友谊在当时很出名，大家都觉得这两个人是友谊的象征，哪知，在利益面前，友谊居然变得如此脆弱。

巨鹿之战前，秦军一直居于强势，诸侯军基本不敢主动出击。哪知只此一战，强弱立马易势。

刘邦西征

当宋义带兵救赵时，刘邦也带着一支军队向西，以关中为目标挺进。而宋义停留在安阳时，刘邦在成武打了个胜仗。

到了秦二世二年（前208）十二月，刘邦率军来到栗县，遇到另一支四千人的楚军，他没怎么费力气，就把这支队伍收编了，然后跟魏将皇欣、武满一起向秦军进攻。

刘邦越走越远，力量也由弱逐步转强，队伍越来越壮大。秦二世三年（前207）二月，他又碰上了一个牛人——彭越。

彭越手下有一千多人，听说刘邦来了，直接前去投靠，帮刘邦攻打北昌。刘邦一看北昌城很坚固，便叫停了攻击，又继续向西挺进。到了高阳时，郦食其出现了。

当时的郦食其已经六十多岁，职业是个门卫。刘邦有一个骑士跟他是同乡。这个骑士出来跟老乡吃饭时，遇到了郦食其。

郦食其虽然年纪大了，牙齿也落了一大半，但口才仍然很好，他对骑士说："诸侯军将领路过高阳的有几十人，我打听得这些将领都器量狭小，拘泥于繁文缛礼，自以为是，听不进气度豁达、抱负恢宏的言论。我还听说刘邦为人傲慢而看不起人，但富于远见卓识，这真是我所愿意结交的人啊，可惜没有人为我引荐。你如果见到刘邦，就告诉他：'我的乡里中有个郦生，六十多岁了，身高八尺，人们都称他为狂生。他自己却说他不是狂生。'"

骑士说："沛公不喜欢儒生。每当宾客中有戴着儒生帽子来的，沛公总是脱下他的帽子，在里面撒尿。与人谈话的时候，也常常破口大骂。所以你不可以儒生的身份前去游说他。"

郦食其说:"你尽管这样说。"

骑士回去之后，就把这事儿跟刘邦说了。这一次，刘邦居然没有骂。他叫人把郦食其叫过来。郦食其进来时，刘邦正坐在胡床上，让两个美女帮他洗脚。郦食其一看，只是拱手高举行相见礼而不跪拜，说道:"您是想要协助秦朝攻打诸侯国呢，还是想要率领各路诸侯击败秦朝呢?"

刘邦一听，又大爆粗口:"没见识的儒生！天下的百姓受秦朝暴政苦累已经很久了，所以各国相继起兵攻秦，怎么说是帮助秦朝攻打诸侯呀?"

郦食其说:"您若的确是要聚集群众、会合正义的军队，去讨伐暴虐无道的秦王朝，就不该如此傲慢无礼地接见年长的人！"

刘邦觉得这话不错，就立刻停止洗脚，把衣服穿好，然后请郦食其上座，还叫人摆出饭菜，不断地向他道歉。郦食其一边吃饭喝酒，一边给刘邦讲那些纵横家的故事。

刘邦第一次听到这些故事，觉得很精彩，认为郦食其真的很有水平，最后问他:"计策将如何制定啊?"

郦食其说:"您从一群乌合之众中起事，收拢了一些散兵游勇，部众还不足一万人，想靠此径直去攻打强大的秦朝，这叫作虎口夺食啊！陈留是天下的要冲，四通八达的枢纽地区，现在该城中又储存有许多粮食，而在下恰与陈留县令交情不错，请让在下出使陈留，劝他向您投降;假如他不听从劝告，您就领兵攻城，在下做内应。"

刘邦一听，当场拍板，就按郦食其的方法办。郦食其前脚一走，刘邦的大军就紧跟而来。陈留县令果然立马宣布投靠刘邦。之后，刘邦封郦食其为广野君。郦食其觉得刘邦不错，就又动员弟弟郦商也来归附刘邦。得到消息后，郦商组织了四千人，前来向刘邦报到。

刘邦又向开封进攻，没有打下来，便又向西转战，与杨熊相遇。刘邦这时部众数量仍然不多，攻打城池力量不够，野战还是可以的。杨熊跟刘邦大打一场，结果大败而逃。

杨熊逃到了荥阳，以为只要自己坚守荥阳，刘邦就奈何不了他。哪知，刘邦拿他没有办法，但秦二世拿他很有办法。秦二世听说杨熊吃了个大败仗，也不问一下原因，就直接派人过去，把杨熊杀掉了。

接着，刘邦又攻打颍川。刘邦近来虽然事业很顺，但攻城成绩很差，虽然这时好不容易拿下一座城池，心头仍然很愤怒，便下令屠城。

这时，刘邦已经打到了韩国故地境内，刚好张良正辅佐着韩王在这里游弋，就帮了刘邦一把，因此刘邦顺利夺取了韩地。

此时，秦朝已经全面进入衰败期，连赵国也居然敢于向西来找秦朝的麻烦了。赵国的一个别将司马方带着一支队伍准备渡过黄河，跃进函谷关。刘邦就向北进军，强攻平阴，切断了黄河渡口南部地区，然后在洛东与秦军打了一场。可惜并不顺利，只得南撤。刘邦叫韩王韩成守在阳翟，而自己则带着张良南下。

刘邦这时很急，想直接进入关中。他在南阳打了一场胜仗，但南阳郡守集中兵力死守宛城。刘邦知道，凭他现在的力量，想拿下宛城是很困难的，就绕过宛城继续向西行军。他现在的目标只有咸阳。

张良一看，刘邦现在只想当关中王，别的什么都不管，只一味地埋头向西行军，这是很危险的，便对他说："您现在只想着尽快进关，却没有想到，秦军现在的势力还是很强大的，又据险而守。近来您攻打很多城池都不成功，就是最有力的证明。现在您攻不下宛城，只是向西而去，如果宛城的守敌在背后偷袭，前面又有秦军跟我们对打，两面夹攻之下，我们有能力承担吗？"

刘邦一听，立刻从小道返回，然后连夜包围了宛城。郡守刚在南阳吃了一个败仗，对刘邦还是很怕的，本来看到刘邦绕过宛城向西而去，心里很高兴。哪知，郡守发现刘邦突然又回来了，而且连夜完成了对宛城的包围，顿时觉得前景不妙，就决定自杀。

可他的舍人李恢却劝住了他，说："现在自杀还有点早，我先去见见刘邦，看看他什么意思，看能不能让我们活命。"

于是，李恢跑到刘邦那里，对刘邦说："楚怀王跟你们约定，谁先攻入咸阳，谁就是关中王。现在看来，您的进度是最快的，现在离咸阳也是最近的。可是，如果您从现在起就在这里攻打宛城——宛城很大——城内的军民都认为要是投降就必死无疑，所以都在拼命守城。您要是继续猛攻下去，不但会牺牲很多士兵的生命，而且也浪费了宝贵的时间。如果您离开宛城，又怕宛城的守军在背后偷袭。所以，不管是攻城，还是离开宛城，您都很被动。最后，先入咸阳的计划就会全面泡汤。所以，我建议您还是允许宛城守军投降，大力提拔南阳郡守，让他继续守宛城，您则带着他的军队向西而去。如此一来，西部其他守军也就会打开城门迎接您了。到时，您就可以提速进入咸阳，谁也没有办法抢在您的前面了。"

刘邦一听，大声说："好！"

李恢回去之后，跟南阳郡守一说，南阳郡守当然很高兴。现在秦朝太残暴了，打了败仗的人，即使能从战场上逃命，也会被秦二世杀掉，倒不如投降敌人为好。于是，南阳郡守投降，被封为殷侯，李恢也被封为千户。

刘邦一路进军，果然根本不用打什么大仗，就拿下了很多城池。他这才知道，在这个乱世当中，有武力固然重要，有时靠仁义效果会更好。于是，刘邦重新宣布了军纪，与当地百姓约法三章。秦地的百姓一看，这支军队真是纪律严明，作风优良，于是都主动拥护刘邦。

现在刘邦终于明白，夺取天下，其实就是夺取天下的民心，要是一味杀人，就永远夺取不了天下。即使暂时夺取了，不用多久也会失去，秦朝就是典型例子。

刘邦的这个觉悟，是思想上的一个质的转变，为他日后的胜利奠定了基础，而项羽到死都没有这个觉悟。

章邯投降

在刘邦顺利进军的时候，项羽那边的攻势也越来越猛。诸侯军的死敌章邯这时手中的力量已经非常薄弱，他在棘原驻扎，项羽的大军则在漳南与他对垒。两军开始时都没有贸然行事。

项羽是强攻高手，章邯却是防守的杰出人才。就当时而言，可以说一个是天下最锋利的矛，一个是天下最坚硬的盾。现在项羽只是挺着他的矛，却没有去戳章邯的盾。这说明，目前项羽仍然没有全胜的把握。

章邯本来的想法是，现在不跟项羽决战，不断地退却，避开项羽的锋芒，然后组织力量，等待时机，再奋力一搏，也许还可以翻盘。但他还没有等到这个翻盘的机会，秦二世就想先翻他的盘了。

秦二世接到章邯打了大败仗，二十万大军连同名将王离都投降了项羽的消息后，心里被堵得差点儿缓不过气来。同时章邯又不断地向后退，他就更生气了，不断派人去批评章邯：你怎么老是逃跑？难道你还想一直逃到西昆仑吗？

章邯以前是少府，在朝廷工作过，知道秦二世的为人，当他得知秦二世对自己不满后，他急忙派长史司马欣去咸阳，帮他向秦二世解释一下，说明这是战略退却，不是什么其他原因。

司马欣来到咸阳后，就在皇宫外的司马门等待召见。哪知，他在司马门待了三天，连赵高都没有跟他见面。司马欣的脑袋很灵光，他知道秦二世和赵高对章邯已经彻底不信任了，如果自己还在这里等下去，就只有等死了。

于是，司马欣赶快从小道跑回军中。赵高果然派人过来追他，但因为他未从原路返回，因此追兵没有追上他。司马欣见到章邯之后，如实地把情况向章邯进行了汇报之后，说："现在朝中掌权的只有赵高。在这样的人手下做事，能做出什么成绩来？如果您打赢了项羽，他就会嫉妒到非要把您害死的地步不可。如果打不赢项羽，咱们同样是死路一条。我就只能说到这里了，请您好好地考虑一下。"

不光司马欣觉得章邯在秦朝已经非常危险了，就是陈余也知道章邯已经处于非常不妙的境地，便给他写了一封信，耐心在信中列举了几个典型事例："白起南面打败楚国，北面坑杀赵军，为秦国拿下的城池数都数不过来，最后的下场是赐死；蒙恬一直为秦国挡住匈奴，为秦国开拓几千里的地盘，最后的下场是斩首①。他们被杀的原因是什么？两个字：功多！

---

① 关于蒙恬的死亡原因，《资治通鉴》中有两种说法。在《秦纪二》中记载蒙恬于公元前210年吞药自杀，在《秦纪三》中按照司马欣的说法，蒙恬最后被斩首于阳周。

因为他们的功劳太大太多，多得连提拔的空间都没有了，只得杀掉。现在您为秦国打了三年仗，胜仗败仗都打了，损失的士兵都是以十万为单位计算的。现在反秦的诸侯却越来越多，规模越来越大，您面临的困难也越来越大。更要命的是，现在赵高拿着大权，目前形势大坏，他也怕秦二世哪天把他杀掉。所以，他现在最想做的就是先把您搞定，然后派人来接替您，再把所有责任都往您的头上推，让您把所有问题都扛下来。您现在的处境是，有功也死，失败更死。所以，您最好的办法就是跟我们站在一起，共同打倒秦国的统治。"

章邯读了这封信，觉得很有道理，就派人去跟项羽联系，表达了自己投降的愿望。哪知，现在的项羽只想打仗，别的都不考虑，派蒲将军渡过漳水，向秦军攻击，又把章邯打得大败。

项羽并没有休息，接着把所有军队都开过来，再向章邯发动攻击。章邯又打了个大败仗。章邯又派人去找项羽，表示自己是真的想要投降了。

项羽本来还想继续打，可是他也碰到了个难题，他的粮草所剩无几。于是，他把大家都召集过来，说："现在我们的粮草没有多少了，还是接受章邯的投降吧。"他以为，他的手下也跟他一样，都很热爱打仗，他提这个问题时，可能会遇到大家的反对。哪知，他的话才一出口，大家都举起双手表示同意。

于是，项羽跟章邯约定，在洹水南面的殷墟上见面。章邯虽然多次跟项羽交手，还没有见过面，但对项羽的性格掌握得很好。项羽很残暴，大手一挥，就可以把全城人杀掉。可项羽的性格还有另一面，就是有妇人之仁，你要是当着他的面做出悲伤的表情，他的心会很快软下来。因此，章邯一见到项羽时，就放声大哭，控诉着赵高对他的迫害。之后，项羽果然让章邯当了雍王，还任命司马欣为上将军，当章邯的先锋，以咸阳为目标前进。项羽虽然在专心打仗，但也还记得楚怀王的那个关于关中王的约定。

秦二世之死

在刘邦、项羽两路大军同时向咸阳杀来的时候，秦朝高层却仍然在赵高的主导之下，继续过着腐败的生活，并没有选派人手进行军事部署，抵挡刘项部队的进攻。

章邯投降了，赵高觉得很开心，现在朝中的这些人都是一群没有功劳的人。赵高把所有厉害、权重的人收拾完之后，就想把秦二世也收拾了。但他仍然怕大臣中有人在政治上跟自己不保持高度一致，就打算找时间测试一下。

为了测试大臣对自己的恐惧程度，赵高就玩了一个把戏：有一天上朝，秦二世和大臣们突然看到一头鹿莫名其妙地进了朝堂。秦二世刚开始还以为自己的眼花了，可仔细一看，确实是鹿不是人。其他大臣看到鹿进来，也不知道怎么回事。鹿后面的是赵高。大家看着赵高大步进来，秦二世也看着他。秦二世并不蠢，也知道这头鹿是赵高带进来的。

秦二世还没有开口，赵高却先开口了。赵高指着那头鹿，对秦二世说："陛下，臣要献给您一匹马。"

秦二世一听就笑了，当场大声答道："丞相弄错了，这是鹿。"

赵高的脸仍然严肃，问群臣这是马还是鹿。

大多数人都知道，现在谁得罪赵高，谁就相当于得罪秦二世，谁得罪秦二世，谁就得死。所以，有的人不作声，更多的人大声说是马。

当然，还有一小部分人说是鹿。

事后，那些说是鹿的人，都统统消失不见了。

大家终于知道，这是赵高在测试他们。从此，谁也不敢在赵高面前说和他不同的意见了。

赵高控制住朝中大臣很容易，可是关外的反秦大军他是无法彻底控制的。此时，章邯已投降，再也没有谁帮他们打仗了。诸侯的军队越来越壮大，越打越靠近咸阳。赵高也觉得问题很严重了。

秦二世三年（前207）八月，刘邦已经攻破武关，而且高调屠城。此事大大地刺激了赵高。赵高果然被吓得要死。他怕秦二世知道这个消息后，会向他问罪。最后，赵高只得沿用老一套：说自己病了，不能上朝。从此，他不再入朝见秦二世。

秦二世的心情这时也糟糕到极点，他的郁闷不是因为局势的严峻，而是因为做了一个梦。在这个梦中，他看见一只白色的老虎咬死了他的左骖马。他醒来之后，觉得这个梦太让人不爽了，就去找来占卜师，让占卜师解他的这个梦。

占卜师说："泾水为祟。"意思是，泾水的水神在表达不满。

秦二世听完后，就在望夷宫斋戒，把四匹白马沉到泾水里，求水神以后不要到自己的梦里来。

现在秦朝最大的问题是什么？肯定是关东的那些盗贼闹事。这事儿是赵高负责的，于是他派人去找赵高，责问他相关事宜。

赵高一听，吓得更厉害了。他知道，秦二世如果再来找他，他就没命了。赵高是不甘心等死的，他立即找来咸阳令阎乐和弟弟赵成，把秦朝形势大坏的责任都推到了秦二世的身上，说："秦二世不听我的劝谏，现在国家到了最危险的时候，就想找我来当替罪羊。所以，我想把秦二世换掉，然后让子婴来当天子。子婴不但勤俭节约，而且一点也不残暴。现在百姓都称赞他。"赵高的工作效率很高，一经决定，马上就开始行动。他找了郎中令当他的内应，然后到处散布谣言，说出现了大盗贼，叫阎乐带兵去追捕。赵高现在连阎乐也不相信。他派出阎乐之后，立刻把阎乐的母亲抓起来当人质。

阎乐带了一千多人来到望夷宫前，把看门的人员都捆起来，大声骂他们："大盗进去了，你们怎么不拦住他们？"

领头的门卫说："没有大盗进去啊，你一定是看错了。"

阎乐当然没有看错，他大骂一声，就把这个门卫杀了，之后带着兵闯进宫中。进宫之后，见人就杀，不管是郎官还是宦官。

阎乐和郎中令一起冲进内宫，一箭射到秦二世的帷帐里。秦二世一看，大怒起来，叫卫士们过来把这个敢射他帷帐的家伙抓起来。可卫士们都已经怕得要死，个个都想着逃跑。这时，秦二世身边只剩下了一个宦官。秦二世的脑子不笨，看到这个场景，知道自己今天是真的完了。他对这个宦官说："你怎么不早些把这些情况告诉朕，以至于到了这个地步啊？！"

那个宦官说："臣不敢说，所以才能保全性命；倘若臣早说了，早已经被杀掉了，哪里还能活到今日？！"这时，阎乐已经走到了秦二世面前，指着秦二世的鼻子教训起来："您骄横放纵，滥杀无辜，天下人都背叛了您，您还是自己打算一下吧！"

秦二世说："能不能让朕见一见丞相？"

阎乐说："不能！"

秦二世说："那就让朕去当一个郡王总可以吧？"

阎乐说："不可以。"

秦二世继续讨价还价："那就再降低一格，当个万户侯可以吧？"

阎乐仍然说："不可以。"

秦二世看到阎乐的脸上，一点儿松动的迹象也没有，就干脆放下幻想，说："朕甘愿与妻子儿女去做平民百姓，像各位公子的结局那样。"

阎乐说："我奉丞相的命令，为天下百姓诛杀您，您再多说，我也不敢禀告！"之后，阎乐手一挥，叫他的手下上前。

秦二世这才知道，他的目标就是取自己的性命。为了保住皇帝最后的尊严，秦二世选择了自杀。

阎乐回去向赵高报告：完成任务。

赵高便把所有的大臣都召集起来，向大家宣布："秦从前本是个王国，始皇帝统一了天下，因此称帝。现在六国重新各自独立，秦朝的地盘越来越小，仍然以一个空名称帝，不可如此，应该还像过去那样称王才合适。"

那么谁来当这个大王呢？赵高说："子婴。"

大秦帝国的末日

子婴虽然当王的时间很短，但他的知名度很高。关于子婴的来历，很多人说他是扶苏的儿子，也有人说他是嬴政的弟弟，还有人说他是胡亥的哥哥。但不管他是谁，现在都得听赵高的话，出来当这个秦王。

大家对于子婴当秦王的事都没有意见。于是，在赵高的主持之下，子婴当上了秦王。秦国现在的局面虽然很惨淡，但形式还是要讲究一下的。秦二世三年（前207）九月，赵高叫子婴斋戒之后，到宗庙里参拜祖先。

子婴只能按照赵高的安排，斋戒了五天。接下来就得去宗庙了，他知道，他去完宗庙，就算是正式当上了秦王。如果此时把秦朝变成秦国，他又成了后秦国的开国之君。

这件事在外人看起来很搞笑，可在子婴看起来却是一件绝对郁闷的事。国家变成这个样子，却让他来承担这个责任。子婴比秦二世强很多，他虽然没有办法解决天天逼近的诸侯，但仍然决定把赵高杀掉。

子婴找两个儿子来商量，对他们说："丞相赵高在望夷宫杀了二世皇帝，害怕群臣将他杀掉，才假装依据礼义拥立我为王。我听说赵高曾经与楚军约定，消灭秦朝的宗室之后，在关中分别称王。如今他让我斋戒，赴宗庙参拜，这是想乘参拜宗庙之机杀了我啊。我若托病不去，丞相必定会亲自前来请我，他来了就杀掉他。"赵高果然不断地派人前来催促，可子婴却仍然在斋宫里不动身。最后赵高生气了，亲自跑到斋宫，大声说："参拜宗庙是重大的事情，大王您为何不去啊？"

子婴冷冷一笑："参拜宗庙是大事，可杀你更是大事啊！"赵高就这样被子婴杀掉了。子婴杀完赵高，接着灭掉了赵高的三族。之后，子婴立刻进行军事部署，对付关外的诸侯。

此时，秦国仍然有不少军队，可是已经没有可以打仗的将军了。子婴没有办法，只能尽自己最大的努力，派人把军队带到前线去。

知道子婴派出军队后，刘邦就想去攻打函谷关的秦军。但张良不同意："秦军强大，不可轻视。希望您先派人上山多多张挂旗帜，作为疑兵，再命郦食其、陆贾等前往游说秦朝的将领，对他们加以利诱。"

刘邦对张良的话向来听从，便派郦食其和陆贾两人找到秦将，先是威胁，然后利诱。对方知道事情发展到这个地步，子婴再怎么有水平，也救不了秦国，因此都同意跟刘邦的军队联合。

刘邦大喜，就要答应秦将的要求。张良却说："不可。这还只是那些将领想要反叛秦朝，恐怕他们的士兵还不会服从，不如就乘着秦军麻痹大意时攻击他们。"

刘邦同意了，带着军队绕过峣关，越过黄山，对秦军发动突然袭击。秦将对此一点儿提防没有，被打得大败。

刘邦接着进攻，在蓝田北又大破秦军。这年的十月，刘邦的军队已经开到灞上。

子婴没有犹豫，直接决定向刘邦投降，自己坐着白车、白马，颈脖上还挂着一条绳子，手里捧着那颗皇帝大印，伏在轵道亭旁向刘邦投降。刘邦手下的人都说直接杀了子婴。刘邦却只是笑了笑，说："当初怀王之所以派我前来，原本就是因为认定我能宽容人。何况人家已经降服了，还要杀人家，如此做是不吉利的。"秦朝就此灭亡。

秦朝在大家的印象中，是一个很威猛的朝代，铁骑如虎，所向无敌，灭六国折槁振落。可是建国之后，却在短短的十五年后，就陨落了。

大秦帝国覆灭之后，天下并没有马上太平，一轮新的争战又即将隆重拉开大幕，但这段精彩的历史已经跟秦朝无关。

西汉建立之后，学者贾谊总结了大秦帝国的兴衰：

"然秦以区区之地，致万乘之势，序八州而朝同列，百有余年矣；然后以六合为家、崤函为宫；一夫作难而七庙隳，身死人手，为天下笑者，何也？仁义不施而攻守之势异也。"

如今两千多年过去了，大秦帝国依然在历史的长河中熠熠发光，散发着它独有的魅力。